AF450912

LA SABIDURÍA DEL SUFISMO

ANDRÉS GUIJARRO

www.sufismo.guiaburros.es

EDITATUM

Diseño de cubierta: © Andrea Fernández Rodríguez (EDITATUM)
Maquetación de interior: © EDITATUM

Primera edición: agosto de 2020

ISBN: 978-84-18429-01-9
Depósito legal: M-20382-2020

IMPRESO EN ESPAÑA/ PRINTED IN SPAIN

Si después de leer este libro, lo ha considerado como útil e interesante, le agradeceríamos que hiciera sobre él una **reseña honesta en Amazon** y nos enviara un e-mail a **opiniones@guiaburros.es** para poder, desde la editorial, enviarle **como regalo otro libro de nuestra colección.**

Agradecimientos

A mi querido hijo Jesús, que a sus ocho años de edad de mayor quiere ser granjero, restaurador de libros antiguos, soldado en las fuerzas especiales y muchas cosas más, y que será, como su hermano, un futuro capitán de la guerra del tiempo.

"Qué capitán es este, qué soldado / de la guerra del tiempo..."

Lope de Vega

Sobre el autor

Andrés Guijarro nació en Madrid en 1972. Es licenciado en Filología Árabe por el Departamento de Estudios Árabes e Islámicos de la Universidad Complutense de Madrid. Es especialista en sufismo y tradiciones esotéricas del islam. Ha residido en varios países del mundo árabe-islámico y desde hace años compagina su labor de traductor con la de profesor de lengua árabe. Colabora con el músico y musicólogo Eduardo Paniagua, especialista en música arábigo-andaluza, en la traducción de los poemas que aparecen en los discos publicados por Pneuma. Es autor de las obras: *Los signos del fin de los tiempos según el islam* (Edaf, 2007), *La constitución invisible del ser humano según el sufismo*, (Los Libros del Olivo, 2013) y *Sentencias de sabiduría de los maestros sufíes* (Los Libros del Olivo, 2014). Ha traducido también varias obras clásicas de la espiritualidad y la mística islámica. Entre ellas: *Textos sobre la caballería espiritual*, de Ibn Arabi (Edaf, 2005), *El libro de la extinción en la contemplación*, de Ibn Arabi (Sirio, 2007), *Destellos de la divinidad*, de Fajr al-Din Iraqi (Edaf, 2008), *El libro de la interpretación de los sueños* de Ibn Sirín (Sirio, 2008), *Los engarces de las sabidurías* de Ibn Arabi (Edaf, 2009) y el *Tratado sobre el amor* de Avicena (Tritemio, 2017). Es también responsable de una traducción de *El Corán* (Edaf, 2010).

Índice

Introducción

La tradición de *hikam* (pl. de *hikma*, lit. "sabiduría"), aforismos o sentencias de sabiduría, es larga en el sufismo, remontándose hasta los mismos orígenes de esta tradición espiritual. Compuestas por los maestros sufíes y recogidas, memorizadas y en ocasiones comentadas por sus discípulos o por otros maestros, las *hikam* suelen condensar lo más profundo y esencial de la enseñanza de ese maestro en particular, y de las doctrinas del sufismo en general.

Si traducir un texto desde el árabe siempre es tarea ardua para un occidental, lo es mucho más aún en el caso de un texto de sufismo, en el que los matices se multiplican y los diferentes grados de interpretación (parejos siempre a la capacidad de comprensión del lector), dan lugar a otras tantas posibilidades de traducción de una expresión o de un término. En el caso concreto de las *hikam*, estas dificultades aumentan de forma exponencial. Su estilo aforístico, consistente en frases aisladas, sintéticas, a menudo con presencia de términos técnicos propios de esta tradición espiritual, y en muchos casos con un elemento paradójico que las aproxima al *koan* del zen, convierten la labor del traductor en algo especialmente difícil. Naturalmente, en muchos casos las *sentencias* que en esta edición he traducido de una determinada manera podrían haberse traducido de otra. De hecho, yo mismo he barajado en varias ocasiones diversas posibilidades para una misma *hikma*, optando en la mayoría de los casos por la solución que, sin forzar demasiado la estructura de la frase en árabe —algo que no siempre se ha conseguido—, pudiera transmitir a la vez la idea que encerraba la expresión del maestro, o la pobre comprensión que de la misma haya podido alcanzar este traductor.

La literatura de *hikam* es, junto con el Corán y los hadices (frases de Muhammad, el profeta del islam, recogidas en las compilaciones tradicionales), el mejor ejemplo de las características de la lengua árabe, esa lengua que, en palabras del arabista e islamólogo francés Louis Massignon, "coagula y condensa, con un endurecimiento metálico, y por veces con una refulgencia cristalina, la idea que se quiere expresar, sin ceder a la presión del sujeto hablante. Elíptica y gnómica, discontinua y entrecortada, la idea brota de la ganga de la frase como la chispa del sílex". La forma de expresión árabe favorece los giros sintéticos e indirectos, así como las elipsis. Es dada a distinguir siempre entre una "esencia" y una "forma", y no duda en sacrificar la homogeneidad de la segunda a la veracidad de la primera. En palabras de Frithjof Schuon, "el árabe ve el lenguaje casi como un fin en sí mismo, una substancia autónoma, que preexiste con respecto a sus contenidos; como la existencia universal, que es su prototipo, el lenguaje nos encierra ontológicamente en la verdad, queramos o no".

En resumen, la experiencia espiritual en general, y muy especialmente en el marco islámico, se ha venido transmitiendo de forma privilegiada mediante estas fórmulas breves y sentencias alusivas. Este tipo de formulación expresa mejor la instantaneidad de la experiencia que una prosa que intente desarrollar de forma racional la traducción de esta experiencia a nivel mental. En la mayoría de los casos, una experiencia de esta naturaleza es inefable, y únicamente la formas poéticas y sapienciales pueden ser soporte de la misma. Y es necesario recordar que la enseñanza espiritual de tipo iniciático nunca se dirige al plano mental, sino al trasfondo del alma.

Este conocimiento del que hablamos no se puede alcanzar por medio de ninguna búsqueda, y sin embargo solo los buscadores lo alcanzan.

Abû Yazîd al-Bastamî

Sentencias de Sidi Hamza Al-Qâdirî Al -Boutchichî

El maestro

Hamza al-Qâdiri al-Boutchichi (1922 – 2017) fue el *shayj* (maestro y guía espiritual) de la *tarîqa* (orden sufí) *qadiriyya boutchichiyya*. La rama Boutchichi de la orden *qadiriyya* nació en el siglo XVIII en el noroeste del actual Marruecos. Su "casa madre" se encuentra en la ciudad de Meddagh, cerca de Berkane, a escasa distancia de la frontera con Argelia.

Sidî ("mi señor") Hamza está considerado como uno de los revitalizadores del sufismo en el Marruecos de la segunda mitad del siglo XX, y entre sus discípulos se cuentan numerosos intelectuales, tanto marroquíes como occidentales, así como importantes personalidades próximas a la Corte marroquí.

Sentencias

» El verdadero conocimiento solamente se obtiene con humildad. La manera de dirigirse hacia él es parecida a la de una persona que quiere beber el agua de un arroyo: deberá inclinarse para beber. El agua está siempre situada en el lugar más bajo; nos es necesario ser como el agua.

» El conocimiento de Dios no tiene fin. Cada etapa del viaje es por lo tanto más hermosa y más maravillosa que la precedente.

» Procedemos todos de la misma luz. No hay distinción, no hay más que reunión. Hacemos distinción entre unos y otros, pero en realidad todos estamos unidos en el Uno. No se puede alcanzar esta visión más que recorriendo todas las etapas de la vía espiritual.

» Es preciso desconfiar de la sola comprensión mental. Existe una mente sensible y una mente luminosa. La mente sensible tiene un límite. Para rebasarlo es preciso trabajar sobre uno mismo y frecuentar a los hombres de Dios. Solamente Dios puede transformar la mente sensible en mente luminosa, una mente iluminada por la luz del corazón.

» Cuando se ve una relación fraternal, —y no hablo de fraternidad en sentido común, sino de esa fraternidad que está investida de amor, donde los corazones están en conexión y los espíritus están en afinidad—, ¡circula tal vino de amor… ! ¡Es el reino de Dios!

» No existe más que la luz. La *nafs* (el ego) tiene una envoltura exterior que impide a esta luz penetrar. El hombre ordinario no ve más que oscuridad, pero cuando esta envoltura estalla, la luz que se encuentra en el corazón se mezcla con la Luz de Dios y no se ve más que esta luz divina. Dice Dios en el Corán: *"¡Donde quiera que os volváis allí está el rostro de Dios"*.

» El que ha llegado a percibir la Unidad no la ve más que Ella. Se da cuenta que todas las formas habituales, incluso las mismas formas humanas, no son más que ilusión.

» El que comprende el valor del maestro espiritual sabe que su relación con él no tiene necesidad de palabras. "Tú me ves y yo te veo"; esto es suficiente. La enseñanza oral no es necesaria. Solo importa la transformación de los corazones.

» El defecto y la fealdad no están en las cosas y los seres, sino en la impureza de nuestra mirada hacia ellos. Cuanto más apaciguada, perfecta y pura esté el alma, más estará dispuesta a ver en todo ser una manifestación de la Luz de Dios. Todo es bello; solo el corazón sin limpiar del discípulo vuelve las cosas feas.

» La sabiduría está en el corazón: el que quiere tener agua en su pozo debe cavar. Cuanto más cava, más agua encuentra. Si deja de cavar, el agua no sobrepasa nunca el nivel inicial. El que cava este pozo no debe creer que el agua ha alcanzado el nivel máximo: debe continuar cavando, pues el pozo no tiene límites.

» El estado espiritual es la manifestación de la atracción del discípulo, incluido su cuerpo, hacia el Espíritu. El corazón reacciona así porque no está acostumbrado a la Luz Divina, y esto repercute sobre todo el ser, incluido el cuerpo.

» Cuando el amor habita en el corazón, nada parece difícil y se saca provecho de todo lo que nos pasa. Esto proviene del hecho que, gracias al amor, el velo que nos separa de la Realidad se vuelve más y más tenue. Se experimenta entonces una alegría profunda por el hecho de esta proximidad y se es invadido por la percepción de la belleza.

» Cuando Dios ama a su servidor, recubre sus cualidades con Sus Cualidades. Es como si un rey nos invitara a su palacio y no tuviésemos vestidos suficientemente apropiados y convenientes para hacernos dignos de su morada; el rey nos reviste entonces con sus vestidos y nos introduce en su palacio.

» ¡No deseéis estados espirituales, éxtasis o visiones! No deseéis más que el conocimiento de Dios. El deseo de estados espirituales extraordinarios y de visiones puede impedirnos alcanzar este conocimiento.

» El que da y lo dice es peor que el que no da nada. Jactarse equivale a destruir todos los frutos del don.

» Cuando un apicultor ve un grupo de abejas, trae una caja en la que pone cosas dulces y perfumadas. Cuando las abejas sienten este perfume entran en la colmena. Si a las abejas les gusta y aprecian este lugar preparado se instalan. En caso contrario, no permanecen más que uno o dos días y parten seguidamente. El mismo fenómeno se produce con el secreto divino: si encuentra el receptáculo del corazón limpio y perfecto, permanecerá de forma duradera y producirá una miel divina.

Sentencias de Sidî Abû Madyan

El maestro

Abû Madyan Shu'ayb al-Magribî, conocido como "al-Gawz", —es decir, "el Auxilio"—, aquel a quien el sufí Ibn 'Arabî se refirió como "maestro de maestros", es sin duda una de las más grandes figuras del sufismo de todos los tiempos. Nació en Cantillana, localidad situada a unos treinta kilómetros de Sevilla, en torno al año 1116. Siendo huérfano y maltratado por sus hermanos mayores, para quienes trabajaba como pastor, el joven Abû Madyan sufría mucho por su analfabetismo, que le impedía cumplir con los ritos religiosos obligatorios. Habiendo decidido aprender por sí mismo, intentó escapar en varias ocasiones, pero siempre era capturado por sus hermanos y castigado con crueldad. Sin embargo, gracias a una intervención milagrosa que los disuadió de retenerlo por más tiempo, le permitieron marcharse.

Desde Cantillana el joven llegó, después de varias vicisitudes, a Fez, donde aprendió los rudimentos de la religión exterior. Luego, deseando aprender más, asistió a los cursos de algunos doctores de la ley islámica sólo para darse cuenta rápidamente de que no podía recordar nada de lo que decían. Afortunadamente, conoció a Ibn Hirzihim, un célebre alfaquí sufí cuyas enseñanzas provenían, según decía él mismo, "directas de su corazón". En Fez se sitúa un episodio de su vida que recogen varios de sus biógrafos. La versión de los hechos que recoge el cronista Gafîqî dice así:

"Cuando era estudiante en Fez, cada vez que aprendía un versículo del Corán o un hadiz, Abû Madyan solía aislarse en un lugar y ponía en práctica este versículo o hadiz hasta que obtenía el fath, la iluminación propia de la práctica del versículo o hadiz en cuestión. El lugar que Abû Madyan había elegido para su retiro era un lugar en ruinas ubicado en las montañas, en dirección a la costa. Una gacela acudía regularmente a visitarlo allí y, lejos de sentirse asustada por su presencia, lo olfateaba de los pies a la cabeza y luego se sentaba a su lado. Un día, sin embargo, después de haberlo olfateado de ese modo, la gacela le lanzó una mirada de desaprobación y huyó. Entonces Abû Madyan se dio cuenta de que llevaba consigo una cierta suma de dinero, lo que había provocado este comportamiento inusual por parte de la gacela, y se libró del dinero inmediatamente".

Habiendo oído hablar a la gente acerca de un maestro conocido como Abû Ya'zâ, célebre por sus muchos milagros, Abû Madyan fue a visitarlo con un grupo de compañeros. Este es el relato que el mismo Abû Madyan ofrecería a uno de sus discípulos, Muhammad al-Ansarî:

"Cuando llegamos al monte Ayrujan entramos en la casa de Abû Ya'zâ, y todo el mundo fue bienvenido, menos yo. Cuando se sirvió la comida, el maestro me prohibió comer, así que me alejé y me senté en un rincón de la vivienda. Así continuó durante tres días: cada vez que se servía la comida y yo acudía a comer, él me echaba. Yo estaba exhausto y hambriento, y me sentía humillado. Después de transcurridos tres días, Abû Ya'zâ abandonó su sitio. Yo fui hasta el lugar que él había ocupado y froté la cara contra el sitio donde había estado sentado el shayj. Entonces levanté la cabeza y abrí los ojos: no veía nada. Me había quedado ciego. No dejé de llorar durante toda la noche. A la mañana siguiente, Abû Ya'zâ me llamó diciendo: "¡Ven aquí, andalusí!" Yo me cerqué a él. Puso su mano sobre mi cara e inmediatamente recobré la vista. Luego masajeó mi pecho con sus manos y dijo a los presentes: "¡Este tendrá un gran destino!"". Ibn 'Arabî dará la siguiente explicación de la ceguera de Abû Madyan: Abû Ya'zâ era un sufí del tipo espiritual *mûsâwî* (de Mûsa, "Moisés" en árabe), y al igual que le sucedía al profeta Moisés, su rostro emitía una luz deslumbrante que, en ocasiones, fulminaba a sus visitantes como si de un rayo se tratara".

Tras este episodio, el *shayj* permitió que Abû Madyan se fuera, pero no sin advertirle de los peligros que encontraría en el camino. Por supuesto, las cosas ocurrieron tal y como Abû Ya'zâ había predicho. "Después de todo aquello —concluye Abû Madyan— no dejé de viajar hasta que un día llegué a Bugía, donde me quedé".

Son conocidas las circunstancias de su muerte. A raíz de una denuncia maliciosa por parte de los doctores de la ley islámica, el sultán almohade Ya'qûb al-Mansûr ordenó al gobernador de Bugía llevar escoltado a Abû Madyan hasta Marrakesh. El anuncio de esta inquietante convocatoria por parte del gobernante provocó una fuerte reacción entre los discípulos del maestro. Abû Madyan intentó tranquilizar a sus seguidores: "Shu'ayb es un hombre débil y anciano, incapaz de caminar —les dijo— Ahora ha sido decretado que su muerte tenga lugar en otro país. Como es inevitable que él deba encontrarse allí, Dios lo ha dispuesto de tal modo que alguien lo transportará con delicadeza al lugar de su entierro y lo llevará de la mejor manera hacia su muerte, que ya ha sido decidida. Sin embargo, quienes están reclamando mi presencia no me verán, y yo no les veré". Abû Madyan se marchó, acompañado por la escolta del sultán. Llegando a las afueras de Tlemcen, en la actual Argelia, preguntó: "¿Cuál es el nombre del lugar en el que nos encontramos?". "Al-'Ubbâd ("los siervos devotos")", le dijeron. "¡Qué buen lugar para descansar!", exclamó entonces Abû Madyan, falleciendo poco después. Su tumba, cuya visita es recomendada por sufíes de todos los tiempos, aún se encuentra allí.

Las enseñanzas de Abû Madyan han gozado de una difusión extraordinariamente amplia, tanto en oriente como en occidente, gracias fundamentalmente a sus numerosos discípulos, algunos de los cuales emigraron, especialmente a Egipto, Siria y Yemen. Ellos propagarían sus enseñanzas y desempeñarían un papel decisivo en la evolución del sufismo posterior. Sus enseñanzas no solo llegaron a las élites sufíes, sino que también se difundieron entre la población del mundo islámico en general.

Sentencias

Los comentarios que acompañan algunos de los aforismos de Sidî ("mi señor") Abû Madyan pertenecen al *shayj* al-'Alâwî, y han sido extraídos de su obra *Al-Mawâdd al-gaythiyya al-nâshi'a 'an al-hikam al-gawthiyya* ("Las sustancias celestes que brotan de las palabras de sabiduría del intercesor divino"). Esta obra consiste en un comentario sistemático de las *hikam* de Abū Madyan de Sevilla. El *shayj* al-'Alawî terminó de escribirla en septiembre de 1910, es decir, un año después de la muerte de su *shayj*, Muhammad al-Buzîdî.

» El aprendizaje de esta ciencia (del sufismo) solo es apropiado para aquel que ha adquirido ya cuatro cosas: la renuncia, la ciencia, el abandono total a Dios y la certeza (más allá de la fe).

» La Realidad Suprema (*al-Haqq*) es independiente de la existencia física, mientras que la existencia física deriva de Ella. La sustancia material procede de la Fuente de la existencia. Si la existencia de la sustancia material acabara, la misma existencia física sería destruida.

» La Verdad se encuentra en las lenguas de los verdaderos sabios de cada tiempo, adaptándose a las necesidades de sus contemporáneos.

Los sabios [...] son los depositarios de los secretos divinos, los encargados de velar por el bienestar y el beneficio de los hombres. [...] Las criaturas les necesitan igual que la gente de otras épocas necesitaba a los enviados divinos. Si no fuese por los verdaderos sabios, ¿quién mostraría lo que corresponde a cada época? Dios pone en su boca lo que antes puso en la de Sus profetas y elegidos. [...] La misión de los enviados divinos es mantener el espíritu de la Sabiduría divina tal y como lo exigen las condiciones de cada momento. [...] En cada época Dios manifiesta, por medio de este modelo de sabio del que hablamos, ciencias y conocimientos que conciernen a la realidad esotérica de su momento, porque las mismas prescripciones de la Ley divina varían según cambian las condiciones (espaciales y temporales). [...] Es propio de la Sabiduría divina dejar que transcurra el tiempo sin que se conozcan las propiedades de aquello que Él creó para cierta época, para que sea en un momento determinado cuando se descubran y se utilicen, en función de las necesidades que se le presentan al hombre. Lo que no se necesita permanece en un estado de no-existencia hasta que llega su momento y Dios muestra su valor por medio de aquellos que se dedican a su estudio. Lo que se esconde debe salir a la luz. Esto, que se refiere al dominio sensible, se aplica también al espiritual. [...] Cada época tiene sus guías y cada lugar su señor. Así hay que comprender el dicho: "Puesto que los conocimientos son favores divinos y dones gratuitos, no te extrañes de que esté reservado para los últimos lo que resultaba difícil de comprender a los primeros"".

» Quien ha realizado la verdadera servidumbre espiritual, ve sus actos como hipocresía, sus estados espirituales como pretensión, y sus palabras como mentiras.

Comentario

"La servidumbre es la más noble de las estaciones. Quien la ha realizado critica a su ego y sospecha de todos sus actos, sus estados, sus palabras. Por eso ve sus actos impregnados de hipocresía, sus estados de pretensión y sus palabras de falsedad. [...] El ego [...] siempre se atribuye el mérito de los buenos actos. Su pretensión y su falsedad son contrarias al estado de servidumbre espiritual y un desafío a la potestad de Dios. [...] La servidumbre espiritual solo es auténtica si te desprendes de la pretensión, de la hipocresía y de la falsedad. Se trata de una noble estación espiritual cuya realización no tiene punto de comparación. [...] No existe una estación más noble para los sufíes que la servidumbre espiritual. Quien la alcanza ha alcanzado el don más inmenso".

» Cuando el Único Real *(al-Haqq)* aparece, todo lo demás desaparece.

> Comentario
>
> "El Único Real es Dios. Cuando se manifiesta al gnóstico (*'ârif*) en Su Esencia y en la totalidad de sus Atributos Divinos, esa manifestación exige la desaparición de todo lo demás, de modo que no quede nada a su vista. [...] Cuando lo contingente y lo eterno se encuentran, desaparece lo contingente y solo permanece lo eterno.
>
> A menudo Dios se manifiesta al gnóstico de una forma inexpresable, aunque inteligible en su significado. Se produce, entonces, la extinción de su individualidad y el desvanecimiento de las formas. A eso ellos le llaman "pulverización" y "aniquilación". […] Nada permanece junto a Dios. Él está solo y no hay nada más con Él. La creación es, para el gnóstico, como el ave fénix: algo de lo que se oye hablar pero que nunca se ve. Un sufí ha llegado a decir: "Aunque me exigiesen fijar mi atención en algo distinto a Él, no podría hacerlo. Si forzosamente hubiera que ver algo más, sólo vería polvo en suspensión, que cuando tratas de examinarlo no lo encuentras"".

» La duración de tu vida es un único aliento. Procura que sea a tu favor, y no en tu contra.

"La vida es un soplo. Tus días están contados. El hombre es el resultado de sus afanes, y ¡qué pronto ve los resultados! Lo que te queda de vida es lo que te queda de provecho. De ti depende reparar lo que echaste a perder y aprovechar lo que te queda. ¿Hay algo más precioso que la vida? Si fueras consciente del valor de tu vida no la derrocharías. Gran parte de ella ya ha pasado. Cuida celosamente lo que te queda de ella, oh aspirante en la vía espiritual (*murîd*), para que sea en provecho tuyo y no en tu contra. Ten cuidado y no malgastes tu alma preciosa: cada uno de sus soplos vale lo que la Tierra entera. [...] Imita a aquellos hombres ejemplares de antaño, que se pedían cuentas de cada hálito y sopesaban cada uno de sus pensamientos".

» El corazón no puede adoptar más de un único aspecto al mismo tiempo; cuando está ocupado con un aspecto particular, está velado de otro. Por tanto, ten cuidado de no estar orientado hacia otra cosa que no sea Dios, pues de ser así, quedarías privado del placer del coloquio íntimo con Él.

"El corazón es tan sensible al cambio que, cuando mira en un sentido, deja de hacerlo en cualquier otro. Dirígelo, oh aspirante en la vía, hacia tu Señor, poniendo a las cosas creadas en el lugar que les corresponde. La morada del corazón es para Dios y para nadie más. Dios pone al hombre en el lugar que éste Le pone en sí mismo. Aquel que desee saber qué grado tiene junto a su Señor, que mire la posición que Él ocupa en su corazón. [...] Guarda bien tu corazón, pues no tienes otro. Si lo echas a perder, perderás también tu intimidad con Dios, pues en el momento en que ocupas tu corazón con otra cosa, lo apartas de Dios. [...] Hasta que el corazón se consolida en el conocimiento hay que mantenerse vigilante, pero una vez que éste se ha consolidado ya no hay nada que temer, pues aunque tenga una sola dirección, encuentra a Dios en todas. [...] El único peligro para el gnóstico reside en no haber consolidado el conocimiento de la Unicidad absoluta, puesto que el verdadero conocimiento no se ocupa más que de la Realidad Absoluta. [...] El corazón queda entonces vacío de toda multiplicidad [...] sin tener en consideración nada más, puesto que no hay otra cosa más que Él".

» Aquel que pretende guiar a las gentes sin haber recibido una realidad divina que le autorice a ello, está perdido.

» Nadie alcanza la verdadera libertad mientras permanezca en él un resto de su ego.

» Quien ha conocido a Dios, se guarda de Él tanto despierto como dormido.

» A quien se le ha concedido degustar la dulzura del coloquio íntimo con Dios, ya no tiene necesidad de dormir.

» Haz de la paciencia tu provisión, del estado de satisfacción tu montura y de la Verdad Suprema tu meta y tu objetivo.

» La muerte es la ruptura con la condición creada, pero "perder la vida" es seguir privado de la Realidad Suprema.

» Quien se adorna con lo efímero está atrapado en una ilusión.

» La abstinencia del cuerpo es abandonar lo que no está en consonancia con las necesidades de los miembros, la abstinencia del corazón es dejar de depender de los demás (al saber que solo de Dios vienen las cosas), y la abstinencia del ego es abandonar cualquier tipo de pretensión personal.

» El trabajo espiritual no tiene ninguna utilidad si va acompañado de arrogancia, mientras que la indolencia no es dañina si va acompañada de humildad.

» Si Dios te eleva, no dudes de que estarás firmemente establecido, pero si basas tu confianza en ti mismo, sin duda caerás.

» Aquel que se atribuye un estado espiritual o una estación iniciática, se encuentra lejos de los caminos de la gnosis.

» Aquello que ya ha ocurrido no puede ser rectificado, porque no hay dos "instantes" (*waqt*) iguales.

» El mejor acto de obediencia es emplear el tiempo en la observación de uno mismo (*murâqaba*).

» La caballería espiritual (*futuwwa*) consiste en reconocer las virtudes de los demás, y permanecer ciego ante sus defectos.

» Quien dedica sus actos a Dios y solo a Él, se ve libre de las falsas pretensiones.

» La pobreza (*faqr*) es una luz mientras la mantengas oculta; en cuanto la revelas, su luz desaparece.

» La pobreza (*faqr*), en su sentido superior, es una garantía del reconocimiento de la Unidad Absoluta, y una prueba de Su Singularidad Exclusiva. La pobreza, en su sentido superior, consiste en no contemplar otro ser que no sea Él.

» El verdadero maestro (*shayj*) es quien te transforma con la nobleza de su carácter, te educa con su silencio e ilumina tu interior con su irradiación.

» Aunque el perfumista no te regale su perfume, te permite disfrutar de su fragancia.

» Contémplale como Él te contempla, no como tú Le contemplas.

» El próximo se regocija con la proximidad; el amante se atormenta con el amor.

» Nadie ve a Dios sin morir; quien no muera nunca Le verá.

» Quien descuida la enseñanza de su momento presente es un ignorante; quien la elude es un débil de espíritu.

» Permanecer oculto para el mundo es una gracia para quien sabe reconocerla.

Sentencias de Ibn 'Atâ Allâh de Alejandría

El maestro

Ahmad ibn 'Atâ Allâh al-Iskandarî ("el alejandrino"), nació en la ciudad de Alejandría en el año 1259, en el seno de una familia de eruditos en las ciencias religiosas exotéricas. Sabemos que su padre y otros miembros de su familia eran abiertamente hostiles al sufismo. Ibn 'Atâ Allâh adquirió a lo largo de su infancia y juventud todo el conocimiento necesario para ser un ulema, un doctor de la Ley islámica, además de adquirir una formación extra en *kalâm* (teología) y filosofía. Como vemos, una formación legalista y de los aspectos puramente exteriores de la religión islámica. El *shayj* (maestro espiritual) más importante de Egipto en aquel momento era Abû-l-'Abbâs al-Mursî, discípulo del gran polo Abû-l-Hasan al-Shadhîlî y sucesor suyo en la dirección espiritual de la orden. Hablando de él en su obra sobre los maestros fundadores de la tarîqa, *Latâ'if al-minan* ("Las sutilezas de las gracias"), Ibn 'Atâ' Allâh escribe:

"Inicialmente fui de los que criticaban y se oponían al maestro, pero no por algo que hubiera dicho o enseñado. Un día, discutiendo con sus discípulos, dije: "Únicamente valen los maestros de las ciencias exotéricas, pues esta gente, los sufíes, defienden asuntos que la letra de la Ley revelada no puede admitir"".

Su cambio de actitud hacia las ciencias esotéricas y el sufismo se produjo durante sus discusiones con los discípulos de Abû-l-'Abbâs al-Mursî. Finalmente, quiso conocer al maestro personalmente:

"Lo que me motivó a conocer al *shayj* Abû-l-'Abbâs al-Mursî fue que, tras discutir con uno de sus discípulos, me dije: "En los portadores de la Verdad se manifiestan signos. ¿Por qué no visitarle en persona?". Fui a una de sus reuniones y le encontré hablando sobre los tres momentos (*anfâs*, lit. "soplos") que, según el Legislador (el Profeta Muhammad) se deben experimentar. El primero es la sumisión a Dios (*islam*), el segundo es la fe (*imân*) y el tercero es la perfección (*ihsân*). Se puede decir que el primero es adoración (*'ibâda*), el segundo es un estado de servidumbre (*'ubudiyya*), y el tercero es la servidumbre existencial (*'ubûda*). También se puede decir que el primero es la Ley divina común (*sharî'a*), el segundo la realidad interior (*haqîqa*), y el tercero es la realización de esa realidad interior (*tahaqquq*) [...]. Y siguió con explicaciones similares, hasta que maravilló mi entendimiento. Comprendí entonces que ese ser bebía del desbordante Océano divino, y que estaba asistido por Dios".

Este primer encuentro dejó muy desconcertado a Ibn 'Atâ' Allâh. Según sus propias palabras, sentía algo extraño dentro de él y no entendía lo que significaba. Se retiró un tiempo para contemplar el cielo, las estrellas y todas las maravillas creadas por el poder de Dios. Su turbación interior seguía siendo tan grande que volvió a ver al *shayj*. Nos cuenta él mismo: "Lo primero que le dije fue: "Señor mío, por Dios, juro que te amo". A lo que él respondió: "Que Dios te ame como tú me amas". Luego le hablé de mis preocupaciones y de mis tristezas".

Cuando Ibn 'Atâ' Allâh se inició en la orden debía tener dieciocho o veinte años, y una sólida formación en todas las ciencias religiosas exotéricas. Las reuniones con sus antiguos compañeros de estudios sembraron de nuevo la confusión en su ánimo: "Escuché decir a los otros estudiantes que el que frecuentaba a los sufíes no obtendría ningún beneficio de las ciencias religiosas. Fue muy doloroso para mí pensar que iba a perder todas esas ciencias que yo había adquirido, pero renunciar al *shayj* me resultaba igual de doloroso". Fue a verle de nuevo, y éste le dijo: "Cuando un comerciante quiere entrar en la orden no le decimos: "Abandona tu comercio y ven". Si se trata de un trabajador, no le decimos: "Abandona tu oficio y ven", y si es un estudioso, no le decimos: "Renuncia al estudio y ven". Confiamos a cada uno en aquello que Dios ha dispuesto para él y recibirá, además, lo que Dios haya decidido otorgarle por nuestra mediación. [...] Dejamos al iniciado hasta que las luces de la gnosis arraiguen en él, y abandone el mundo por sí solo".

Una vez hubo aclarado sus dudas con el maestro a ese respecto, Ibn 'Atâ' Allâh se entregó al estudio de las ciencias religiosas del exterior y a la práctica del sufismo al mismo tiempo, convirtiéndose en un maestro en ambas. A la muerte del *shayj* al-Mursî, le sucedió en su función de maestro de la orden shadhilî, que sería el tronco principal del que derivarían múltiples ramas que llegan hasta nuestros días. El cronista al-Dhahabî nos dice de él: "Disfrutaba de un gran prestigio, cautivaba los corazones de las gentes y tenía muchas virtudes. Enseñaba en la mezquita de al-Azhar, mezclando las palabras de los sufíes con el legado de los antepasados y los distintos saberes". Fue autor de numerosas obras. Contamos en nuestro idioma con la traducción de dos de ellas: *Al-Tanwîr fî isqât al-tabîr* ("La iluminación sobre la renuncia a la voluntad propia"), traducida con el título de *Sobre el abandono de sí mismo*, y el *Latâ'if al-minan* ("Las sutilezas de las gracias"), una obra biográfica sobre las vidas de los dos primeros maestros de la *tarîqa*, traducida al español bajo el título de *La sabiduría de los maestros sufíes*.

La primera obra trata sobre la necesidad de despojarse de una voluntad individual ilusoria, algo que no contradice la búsqueda cotidiana de la subsistencia y la obligación de trabajar en medio de la sociedad. Se trata de dos niveles diferentes, aunque complementarios. Ibn 'Atâ' Allâh hace del abandono de la voluntad propia el principio mismo de toda progresión espiritual, algo que aparece en una de las sentencias de sabiduría que traducimos aquí: "Abandona definitivamente tu voluntad propia. De aquello que Otro se ocupa por ti, no te ocupes tú".

La segunda obra mencionada ha sido considerada como el "testamento espiritual" del maestro. Desarrolla fundamentalmente la doctrina de la "santidad" o "amistad divina" en el islam ("es mucho más difícil conocer al santo que conocer a Dios", dirá el *shayj* al-Mursî), explicando

que los *awliyâ* (pl. de *walî*, "amigos de Dios") del islam
son los "herederos" de todos los profetas y enviados divinos.

Ibn 'Atâ' Allâh ocupó los últimos años de su vida a la
enseñanza de las ciencias religiosas, exotéricas, a la guía
espiritual en la *tarîqa* y a la redacción de su obra. En esa
etapa final de su existencia en este mundo, se valió de
su renombre y su prestigio para defender al sufismo de
sus censores. De este modo, se erigió en portavoz de los
sufíes ante el sultán Mansûr al-Lâyîn, cuando el sabio Ibn
Taymiyya (m. 1328) atacó violentamente, en 1306, ciertas
doctrinas y prácticas sufíes.

El maestro murió en El Cairo, el 19 de noviembre de
1309, a la edad de cincuenta años y fue enterrado en el
cementerio de Qarâfa. Su tumba es aún un lugar de peregrinación venerado por los hombres de la Vía.

Sentencias

» La señal de que existe en ti una atribución de los actos, es que disminuye tu esperanza cuando algo sale mal.

» Desear la renuncia cuando Dios te impone el uso de los medios materiales, es un síntoma del apetito del ego. Y al contrario, utilizar los medios materiales cuando Dios te impone la renuncia, es un síntoma de carencia de una energía espiritual elevada.

» La energía espiritual no puede atravesar los muros del Destino.

» Abandona definitivamente tu voluntad propia. De aquello de lo que Otro se ocupa por ti, no te ocupes tú.

» Tu esfuerzo por obtener aquello que se te ha garantizado y tu negligencia en cumplir aquello que se te demanda, son pruebas de que tu visión interior está oscurecida.

» No te desesperes si, a pesar de tus constantes súplicas, Él tarda en contestar. En efecto, Él ha prometido contestarte, pero en aquello que Él haya escogido para ti, no en lo que tú hayas escogido para ti mismo; y en el momento que Él haya decidido, no en el que tú desees.

» No dudes de Su promesa por el hecho de que parezca no cumplirse, aunque tuviera fijado un término, pues esa duda oscurecerá tu visión interior y extinguirá la luz de tu secreto íntimo.

» Si Él te abre una vía hacia el Conocimiento, ¿qué importa que tus obras sean pocas? Él no te ha abierto esta vía más que para dársete a conocer. ¿Acaso no sabes que el Conocimiento es Su don, mientras que tus obras son tu ofrenda a Él? Y, ¡qué desproporción entre lo que Él te da y las ofrendas que tú Le haces!

» Múltiples son las obras porque múltiples son los estados espirituales.

» Los actos son formas fijas, inanimadas, y su espíritu vital es el secreto de la no-atribución que hay en ellas.

» Entierra tu existencia en la tierra de la oscuridad, porque lo que crece sin ser enterrado no llega jamás a madurar.

» Nada hay tan útil para el corazón como una soledad que le permita entrar en el dominio de la meditación.

» ¿Cómo podrá recibir la iluminación un corazón cuyo espejo refleja la imagen de las criaturas? O, ¿cómo emprenderá su marcha hacia Dios, encadenado como está por sus inclinaciones egoicas? O, ¿cómo podrá desear estar en la Presencia de Dios sin haberse purificado de la suciedad de su negligencia? O, ¿cómo espera comprender las sutilezas de los secretos divinos, si es incapaz de arrepentirse de sus faltas?

» Pura tiniebla es el mundo entero: únicamente lo ilumina la manifestación de Dios en él. Quien, contemplando el mundo, no sea capaz de ver a Dios en él, o junto a él, o antes de él, o después de él, es que carece de luz. Entre él y los soles de la gnosis se interponen las nubes de las apariencias ilusorias de las criaturas.

» La prueba de que Él es Todopoderoso es que se vela de ti con algo que no tiene existencia propia. ¿Cómo concebir que Lo pueda velar algo, cuando es Él quien hace manifestarse toda cosa? ¿Cómo concebir que Lo pueda velar algo, cuando Él se manifiesta a través de toda cosa? ¿Cómo concebir que Lo pueda velar algo, si Él se manifiesta en todas las cosas? ¿Cómo concebir que Lo pueda velar algo, si Él se manifiesta a todas las cosas? ¿Cómo concebir que Lo pueda velar algo, si Él ya era el Manifiesto antes de que existieran las cosas? ¿Cómo concebir que Lo pueda velar algo, si Él hace manifiestas todas las cosas? ¿Cómo concebir que Lo pueda velar algo, si Él es el Único, y no existe nada con Él? ¿Cómo concebir que Lo pueda velar algo, si Él está más cerca de ti que cualquier otra cosa? ¿Cómo concebir que Lo pueda velar algo si, de no ser por Él, nada existiría? ¡Oh misterio del Ser que aparece en el No-Ser! ¡Oh misterio de la existencia de lo contingente junto a lo que es Eterno!

» ¿Quién puede ser más ignorante que aquel que desea que ocurra en este momento algo distinto de lo que Dios hace aparecer en él?

» Dejar tu trabajo espiritual para un momento en el que no estés ocupado en otra cosa es síntoma de una enfermedad del alma.

» No le pidas a Dios que te haga salir de un estado para utilizarte en otro. Si Él quisiera, se serviría de ti sin necesidad de cambiarte de estado.

» La energía espiritual (*himma*) de un caminante en la Vía espiritual no se detiene en el punto de la iluminación, sino que su realidad interior le dice: "Lo que buscas está más adelante". Y cuando las apariencias de las realidades existentes se exponen a su mirada, la realidad interior de éstas le dice: "Sólo somos una prueba para tentarte. No seas de los impíos".

» PedirLe es dudar de Él; buscarLe significa que se está ausente de Él. Buscar otra cosa distinta a Él es faltarle el respeto; pedir a otro que no sea Él, es una prueba de lo lejos que te encuentras de Él.

» No se cumple ni uno solo de tus alientos sin que Él realice en ti uno de Sus Decretos.

» No esperes que cesen en ti las alteraciones (de los estados interiores), pues eso te impedirá permanecer atento a Él, en el estado en el que Él te coloque.

» Que no te sorprenda el estar sujeto a las tribulaciones mientras permanezcas en este mundo. Éstas únicamente dan testimonio de los atributos y características de esta existencia.

» No hay ningún obstáculo para lo que desees obtener a través de tu Señor. No hay ninguna facilidad para lo que desees obtener a través de ti mismo.

» Signo del éxito final (en la Vía) es retornar a Dios en los comienzos de ésta. Aquel cuyos comienzos se iluminan, sus finales se iluminan.

» Lo que permanece oculto en los secretos interiores, se manifiesta en el testimonio de las apariencias.

» ¡Qué diferencia hay entre quien toma a Dios como prueba y quien quiere probar Su existencia! El primero reconoce la Verdad allá donde esta se encuentre, y afirma todo por la existencia de su Principio. El segundo, tratando de probar a Dios, demuestra lo alejado que se encuentra de Él. Porque, ¿cuándo ha estado Él ausente para que haya que probar Su existencia? O, ¿cuándo se ha alejado, para que tengan que ser las criaturas las que conduzcan hasta Él?

» *A quien se le haya dado en abundancia, que gaste con abundancia* (Cor. 7:65). Este versículo alude a los que ya han alcanzado la Realización. *Y aquellos a los que se ha dado con mesura [que gasten con mesura]* (Cor. 7:65). Este versículo alude a quienes aún caminan hacia el Objetivo. Los que aún caminan son conducidos hacia Él por medio de las luces de la orientación, mientras que los que ya han llegado poseen las luces de la contemplación. Los primeros pertenecen a las luces, y los segundos son los propietarios de las luces, puesto que ellos pertenecen a Dios, y solo a Dios. *Di: Allâh, y déjales que se diviertan con sus vanos juegos* (Cor. 6:91).

» Escrutar tus defectos escondidos te resultará más provechoso que tratar de descubrir cosas invisibles que te han sido ocultadas.

» Dios no está oculto. Son tus ojos sobre los que hay un velo. Para velar a Dios haría falta cubrirLe. Y cubrirLe es contenerLe y dominarLe, y *Él es el Infinitamente Dominador* (Cor. 18:6).

» Si quieres escuchar la llamada de Dios y permanecer próximo a Su Presencia, suprime de tu humanidad todo atributo contrario al estado de total servidumbre.

» Encontrarte satisfecho de ti mismo es el origen de toda desobediencia, de toda negligencia y de toda pasión del ego. Por el contrario, el origen de toda obediencia, de todo estado de vigilancia, de toda pureza, es nunca encontrarse satisfecho de uno mismo. Tomar por compañero un ignorante no satisfecho de sí mismo es mucho mejor que tomar un sabio satisfecho de sí mismo. Pues, ¿qué valor tiene la ciencia de un sabio satisfecho de sí mismo? Mientras que, ¿es acaso un ignorante aquel que no se siente satisfecho de sí mismo?

» El rayo de tu visión interior te hace ver lo Próximo que está Él de ti. La realidad oculta de la visión interior te hace ver tu inexistencia, en relación a su Ser. La realización de tu visión interior te hace contemplar Su Ser, pero no tu existencia ni tu inexistencia.

» Dios era desde la Eternidad, y no había nada con Él. Y Él es ahora tal como siempre ha sido.

» Que la orientación de tu ambición espiritual no se dirija a otra cosa que no sea Él. Las esperanzas nunca superan al que es Infinitamente Generoso.

» No dirijas más que a Él una petición que únicamente Él puede satisfacer. ¿Cómo puede nadie deshacer lo que Él ha hecho? ¿Cómo podrá liberar a otros quien no puede liberarse a sí mismo?

» Si te resulta imposible tener una buena opinión de Él a causa de Sus Atributos, tenla al manos por el modo en el que te trata. ¿Acaso te ha acostumbrado a otra cosa que no sea la bondad? ¿Acaso te ha colmado de otra cosa que no sean beneficios?

» Algo digno de asombro es quien huye de Aquello de lo que es imposible huir, y busca aquello que no permanece. *No son los ojos los que están ciegos, sino los corazones que hay en los pechos.* (Cor. 22:46)

» Como el asno que hace girar la rueda del molino, cuyo punto de partida es siempre el punto de retorno: así serás tú si vas de una criatura a otra. Viaja mejor desde las criaturas hacia el Creador, puesto que *todo se dirige hacia su Señor* (Cor. 53:42). Ten en cuenta las palabras del Profeta: "Quien emigre hacia Dios y Su Enviado, verdaderamente Los alcanzará. Quien emigre por una ventaja de este mundo. Quien emigre por una mujer, la alcanzará. La meta que alcanzará es la que se propuso al emigrar". Comprende sus palabras: "La meta que alcanzará es la que se propuso al emigrar", y medita profundamente sobre ellas, si estás dotado de comprensión.

» Evita la compañía de aquel cuyo estado espiritual no eleve el tuyo, y cuyas palabras no te guíen hacia Dios.

» Si frecuentas la compañía de alguien peor que tú, puede que creas que tu estado interior es mejor de lo que realmente es.

» No hay obra desdeñable si ésta procede del corazón de un renunciante, ni hay obra valiosa si esta procede de un corazón lleno de avidez.

» Las obras meritorias son producto de buenos estados espirituales, y los buenos estados son el fruto de la realización espiritual en los estados en los que moras.

» No abandones la práctica de la invocación (*dhikr*) por que no sientas en ella la presencia de Dios. Es más grave la ausencia completa de la invocación que la invocación sin la participación del corazón. Quizá Dios te eleve desde esa invocación imperfecta a una invocación con concentración, y de ahí a una invocación con presencia del corazón, para llevarte finalmente a una invocación en la que desaparezca todo lo que no sea el Invocado. *Y eso, para Dios, no es algo difícil.* (Cor. 14:20)

» Un síntoma de la muerte del corazón es no entristecerte por los actos de obediencia que has omitido, ni lamentar las faltas que has cometido.

» Por muy grande que haya sido tu pecado, no exageres su importancia y ten siempre esperanza en Dios. Quienes conocen bien a Dios saben que su pecado no es nada comparado con Su Generosidad.

» Ninguna falta es pequeña si tiene enfrente la Justicia de Dios. Ninguna falta es grande si tiene enfrente Su Misericordia.

» De ninguna obra pueden los corazones esperar tanto fruto como de aquella a la que apenas prestas atención, a la que no das ningún valor.

» Él no te envía una inspiración espiritual (*wârid*) más que para, a través de ella, te dirijas hacia Él. Te la envía para sustraerte de manos de la alteridad, para liberarte de la esclavitud de las criaturas. Te la envía para sacarte de la prisión de tu existencia y sacarte al espacio abierto de la contemplación de ti mismo.

» Las luces son las monturas de los corazones (*qulûb*) y de los secretos (*asrâr*).

» La luz es el ejército del corazón, como la oscuridad es el ejército del ego. Cuando Dios quiere hacerse cargo de la defensa de Su siervo, le asiste mediante los ejércitos de las luces, e impide que lleguen hasta él los influjos de la oscuridad y la alteridad.

» A la luz le corresponde el desvelamiento espiritual, a la visión interior le corresponde el juicio, y al corazón, el avance o el retroceso (es decir, aceptar o rechazar).

» Que no te causen felicidad tus actos de obediencia a Dios, mientras pienses que éstos van de ti hacia Él. Alégrate más bien porque proceden de Dios en atención a ti. Di: *Por la Gracia de Dios y Su Misericordia. Que por ellas se regocijen los hombres. Ellas valen más que lo que ellos acumulan.* (Cor. 10:58)

» Él impide que tanto los que caminan hacia Él como los que ya han llegado a Él, se atribuyan sus actos y sus estados espirituales. Los primeros, porque aún no han realizado la Sinceridad con Dios, y los segundos porque, al contemplarLe, se han ausentado de sus propios actos y estados espirituales.

» Las ramas del envilecimiento del alma no se desarrollan más que a partir de la semilla de la avidez.

» No hay nada que te arrastre más lejos que la ilusión (*al-wahm*).

» Tú eres libre al respecto de algo cuando desistes de ello, pero eres su esclavo cuando lo deseas.

» Quien no sea conducido hacia Dios por las caricias de Sus Beneficios, será arrastrado hacia Él por las cadenas de las pruebas.

» Quien no recibe los favores divinos con agradecimiento, corre el riesgo de perderlos. Por el contrario, quien se muestra agradecido cuando los recibe, es como si los encadenara a él.

» ¡Ten cuidado! Si Él continúa prodigándote Sus Favores, mientras que tú persistes en obrar mal para con Él, Él te conducirá por grados (*istidrâyan*) a tu pérdida. *Les conduciremos en grados a su pérdida, de forma que ellos no se den cuenta.* (Cor. 8:182).

» Si el aspirante en la Vía ha faltado a la cortesía espiritual (*adab*) para con Dios, y al ver que el castigo se retrasa, se dice: "No debo entonces haber faltado a la cortesía espiritual, pues de ser así Él habría dejado de prodigarme Sus favores, y me habría alejado de Él", demuestra con ello su ignorancia. Sucede a veces que, en realidad, Él le ha retirado Sus dones y le ha alejado de Sí, abandonándole a sus caprichos, pero el aspirante lo ignora.

» Si ves a un siervo de Dios, a quien Él mismo mantiene, dedicado a la práctica constante de los ejercicios propios de su método espiritual (*awrâd*), incluso después de hacer recibido abundantes gracias divinas, no menosprecies lo que su Señor le ha concedido porque el hecho de que no veas en él los signos externos de los gnósticos ni el brillo de los que aman a Dios. Precisamente, si no fuera porque recibe inspiraciones (*wârid*), no practicaría los ejercicios de su método (*wird*).

» Hay algunos a los que Dios destina a Su servicio, y hay otros a los que Él ha elegido para que Lo amen. *A ambos asistiremos con el Don de tu Señor. El Don de tu Señor no se le niega a nadie.* (Cor. 18:20)

» Lo habitual es que las inspiraciones divinas sean súbitas, con el fin de que nadie se las atribuya, y las considere erróneamente una consecuencia necesaria de sus cualificaciones individuales.

» Si ves a alguien que contesta a todo lo que se le pregunta, que manifiesta todo lo que contempla, y que menciona todo lo que conoce, concluye de todo ello que se trata de un ignorante.

» Él ha colocado en la Otra Existencia el lugar de recompensa para sus siervos creyentes porque este mundo no es suficientemente extenso para contener lo que Él desea otorgarles, y porque les valora demasiado como para darles como recompensa una morada que no permanece.

» Encontrar el fruto de la acción rápidamente, es una prueba de que ésta ha sido aceptada por Dios.

» Si deseas conocer cuánto es tu valor para Él, mira la situación en la que Él te coloca.

» Cuando Dios te hace obediente, y después hace que, por Él, olvides esa obediencia, sabe que te ha colmado de gracias interiores y exteriores.

» Lo mejor que Le puedes pedir, es lo que Él pide de ti.

» Entristecerse por haber faltado a la obediencia, sin acompañarlo de un esfuerzo por enmendarlo, es síntoma de ilusión.

» El gnóstico no es aquel que, por medio del lenguaje alusivo, encuentra a Dios más próximo que su propia alusión. Gnóstico es aquel que no usa ningún lenguaje alusivo, al encontrarse extinguido en el Ser de Dios, absorbido en Su contemplación.

» La verdadera esperanza es la que va acompañada de acción. Si no es así, no se trata más que de un simple deseo.

» Lo que los gnósticos le piden a Dios es la sinceridad absoluta en su estado de servidumbre, y el cumplimiento de los derechos del Señorío divino.

» Él te ha concedido el estado de expansión para que no permanezcas en el de contracción. Y te ha concedido el estado de contracción para que no permanezcas en el de expansión. Y te ha sacado de ambos para que no pertenezcas a nada que no sea Él.

» Los gnósticos temen más al estado de expansión que al de contracción. Pocos son los que mantienen la cortesía espiritual en el estado de expansión, puesto que el ego participa de la expansión, sintiendo alegría. Sin embargo, en el estado de contracción no participa en absoluto.

» Quizá, dándote, Él te esté privando, y privándote, en realidad te esté dando. En efecto: si privándote te está abriendo al mismo tiempo la puerta de la comprensión, entonces esa privación se convierte en el mayor don.

» El aspecto exterior de las cosas que podemos ver en la existencia es una ilusión, y su aspecto interior es una enseñanza. El ego mira ese exterior ilusorio, mientras que el corazón penetra el interior, lleno de enseñanza.

» La verdadera "travesía milagrosa" es aquella en la que se "pliega" el espacio de este mundo, de modo que puedes ver la Otra Existencia más próxima de ti que tú mismo.

» Los dones que te llegan, procedentes de los seres creados, son en realidad una privación, mientras que la privación que te llega de Dios es el mejor de los bienes.

» Dios es demasiado magnánimo como para pagar a plazos a un siervo que le está sirviendo al contado.

» Que te baste como recompensa a tu obediencia el hecho de que Él te haya encontrado digno de obedecerLe.

» A los que actúan, les basta como recompensa lo que Él revela a sus corazones cuando Le obedecen, les basta como gratificación el hecho de hallarse en Su Intimidad.

» Aquél que Le adora con la esperanza de obtener algo de Él, o evitando, por medio de la obediencia, el castigo que viene de Él, no Le hace justicia a Sus Atributos.

» Dándote, Él te esta revelando Su Bondad. Privándote, te está revelando Su Poder Soberano. En ambos casos, se está mostrando a ti, y acude a tu encuentro con Su Dulce Sutileza.

» La privación te hace sufrir porque no sabes ver lo que de Dios hay en ella.

» Puede que Él te abra la puerta de la obediencia, y que no te abra la puerta de la aceptación. Puede también que Él decrete para ti la transgresión, y que sea ésta causa de tu llegada a Él.

» Una desobediencia que engendra humildad y estado de indigencia, es mejor que una obediencia que engendra orgullo y soberbia.

» Hay dos gracias divinas de las que todo ser tiene necesidad: la gracia de la venida a la existencia y la gracia del sostén divino. En primer lugar, te ha dado el don de la existencia, y en segundo lugar, te ha dado el don de su divina asistencia.

» Tu indigencia es algo que pertenece a tu esencia. Las adversidades que te sobrevienen son únicamente recordatorios de esa indigencia. Es una indigencia esencial que no pueden suprimir las contingencias.

» El mejor momento para ti es aquel en el que contemplas en ti mismo la indigencia total, en el que te ves reducido a la impotencia.

» Cuando Él te separa de sus criaturas es porque quiere abrirte la puerta de Su intimidad.

» Cuando coloca en tu boca una petición, es porque desea concedértelo.

» El gnóstico siempre se encuentra en un estado de necesidad, y no encuentra estabilidad en nada que no sea Dios.

» Él ha iluminado las cosas visibles mediante las luces de Sus criaturas, y ha iluminado los secretos interiores mediante las luces de Sus Atributos. Por esa razón, las luces de las cosas visibles se extinguen, mientras que las luces de los corazones y de los secretos interiores no se extinguen. Por eso se ha dicho: "El sol del día se pone por la noche, pero el sol de los corazones nunca se pone".

» Que el dolor de la prueba que sufres se alivie por el hecho de saber que es Él quien te prueba. Aquel que ha decretado tu destino te ha acostumbrado a constatar que siempre elige lo mejor para ti.

» Pensar que Su Bondad puede estar ausente de Sus Decretos, es prueba de una cortedad de miras espiritual.

» No temas tanto perder el camino como que la pasión de tu ego te venza.

» Gloria a Aquel que ha ocultado el secreto del rango privilegiado de sus elegidos bajo el aspecto exterior de la naturaleza humana, y que ha manifestado la majestad del Señorío bajo la apariencia de la servidumbre.

» No acuses a tu Señor cuando tarda en responder a tu petición; acúsate más bien a ti mismo por haber tardado tanto en tratarLe con la debida cortesía espiritual.

» Cuando Él te concede el don de obedecer Su Orden en el exterior, y de someterte a Su Voluntad Todopoderosa en el interior, estate seguro de que te ha concedido el más inmenso de Sus Favores.

» No todos aquellos que forman parte de Sus elegidos han completado de forma perfecta su liberación.

» Solo el ignorante menosprecia las prácticas rituales que forman parte de la disciplina de una orden iniciática. Las inspiraciones espirituales siguen existiendo en la Otra Existencia, pero la práctica ritual está restringida a este mundo. Así pues, es más urgente ocuparse de aquello que no va a existir para siempre. Además, la práctica ritual es lo que Él exige de ti, mientras que las inspiraciones espirituales son lo que tú Le pides a Él. Y, ¿qué medida puede haber entre lo que tú Le pides y lo que Él te pide.

» El flujo de la asistencia espiritual depende de las predisposiciones; las luces espirituales dependen de la pureza de los secretos interiores.

» El distraído de Dios, cuando se levanta, dice: "¿Qué voy a hacer hoy?", mientras que el inteligente, dice: "¿Qué va a hacer Dios hoy de mi?".

» Los devotos y los ascetas sienten desconfianza de todo, porque todo hace que se ausenten de la presencia de Dios. Si Le vieran en todas las cosas, no desconfiarían de nada.

» En este mundo, Él te ordena contemplar a Sus criaturas, y en el Otro, te desvelará la perfección de Su Esencia.

» Él conoce tu impaciencia por encontrarte con Él; por esa razón te hace contemplar Sus manifestaciones.

» Conociendo tu tendencia al cansancio, Él varió por ti las formas de Sus prescripciones, y conociendo tu tendencia a la precipitación fijó unos momentos concretos para su cumplimiento, con el fin de que tu preocupación fuera el cumplimiento de la plegaria ritual, no su existencia. No todo el que realiza la plegaria ritual la lleva a cabo debidamente.

» La plegaria ritual purifica los corazones y abre las puertas de los misterios de lo Oculto.

» La plegaria ritual es el lugar del coloquio íntimo y la fuente de la pureza, ensancha el ámbito de los secretos y hace brillar las luces del día que nace. Conociendo Él tu debilidad, ha reducido el número de plegarias rituales que debes llevar a cabo, pero sabedor también de la gran necesidad que tienes de Su Gracia, ha multiplicado el número de los dones que se obtienen a través de la plegaria.

» Si pides algo a cambio de tu acción, se te pedirá a cambio que ésta esté realizada con total sinceridad. Que aquel que actúe sin sinceridad, se contente con la protección frente al castigo.

» No reclames nada a cambio de una obra de la que ni siquiera eres tú el verdadero autor. Que te baste como recompensa el hecho de que Él la acepte.

» Queriendo manifestar en ti Su Inmenso Favor, crea una acción y te la atribuye a ti.

» No habrá límite al número de tus acciones censurables, si Él te abandona a ti mismo. No cesarán tus actos dignos de alabanza si Él manifiesta a través de ti Su liberalidad.

» Aférrate a Sus Atributos de Señorío y realiza tus atributos de servidumbre.

» Si Él te ha impedido que te apropies de lo que pertenece a las demás criaturas, ¿cómo va a permitir que te apropies de Sus Atributos, siendo Él el Señor de los Mundos?

» ¿Por qué iba a interrumpir Él de forma milagrosa, para ti, el curso habitual de las leyes naturales, si tú no interrumpes en ti mismo los hábitos de tu ego?

» Lo importante no es que haya petición por tu parte, sino que se te haga don de la mejor cortesía espiritual.

» No hay petición más eficaz que tu estado de extrema necesidad; nada hay que atraiga los favores divinos más rápido que la humildad y la pobreza espiritual.

» Si para llegar hasta Él, tuvieras que hacer desaparecer primero tus imperfecciones y tus pretensiones, nunca Le alcanzarías. Pero, cuando Él quiere hacerte llegar hasta Sí, cubre tus atributos con los Suyos, y tus cualidades con las Suyas. Entonces, te hace llegar hasta Él, pero no mediante lo que va de ti hacia Él, sino mediante lo que va de Él hacia ti.

» Si el velo de Su Bondad no cubriera tus acciones, ninguna de ellas merecería ser aceptada.

» Tienes más necesidad de Su Clemencia cuando Le obedeces que cuando Le desobedeces.

» Existen dos modos de preservarse de la desobediencia: protección del hombre frente a la desobediencia, y protección frente a la divulgación de la desobediencia. El creyente común Le pide a Dios que oculte su desobediencia por temor a perder su rango entre las criaturas.

La élite (los sufíes) Le piden que oculte su desobediencia por temor a perder su rango ante los ojos del Rey,
la Verdad.

» Aquel que te honra, en realidad está honrando la Bondad de Aquél que te ha cubierto. El merecedor de la
alabanza es Quien te cubrió, no quien te honra o te
agradece.

» El verdadero compañero es aquel que, conociendo tus
defectos, permanece a tu lado. Y ese sólo puede ser tu
Señor, el Infinitamente Generoso. Tu mejor compañero es quien que te busca por ti mismo, no por el provecho que pueda obtener de ti.

» Si brillara la luz de la Certeza, verías la Otra Existencia
tan cerca de ti, que considerarías inútil emprender viaje
alguno hacia ella, y verías las bellezas de este mundo
desaparecer en el eclipse de la extinción.

» No es un ser existente aparte de Él quien te vela de Él,
puesto que nada existe al margen de Él. Es la ilusión de
que existe algo aparte de Él lo que verdaderamente te vela.

» Si no fuera por Su manifestación en las cosas creadas,
ninguna de ellas sería visible. Pero a la vez, si Sus Atributos se manifestaran, las cosas creadas desaparecerían.

» Él ha hecho manifestarse todas las cosas porque Él es
el Interior (*al-Bâtin*); y ha ocultado la existencia de todas
las cosas porque Él es el Exterior (*al-Zâhir*).

» Él te ha permitido mirar lo que hay en las cosas manifestadas, pero no te ha dado permiso para que te detengas en las esencias de las cosas manifestadas. *Di: Mirad
lo que hay en los cielos.* (Cor. 10:101). Con su frase: *Mirad
lo que hay en los cielos,* Él te ha abierto las puertas de la
comprensión. Pero no te ha dicho: *Mirad los cielos,* lo
cual te habría llevado a constatar la simple existencia
de los astros.

» Los mundos (*al-akwân*) se mantienen porque son mantenidos por Él, y son extinguidos por la Unidad de Su
Esencia.

» La gente te alaba por las cualidades que suponen en ti,
pero tú censúrate por lo que conoces de tu ego.

» El creyente siente vergüenza ante Dios cuando le alaban, porque es consciente de que le alaban a causa de
una cualidad que no es suya.

» El más ignorante de los hombres es aquel que abandona
sus propias certezas por las opiniones de otros.

» Cuando te alaben, sin merecértelo, alaba tú a Dios, que
es el verdadero merecedor de esa alabanza.

» Los ascetas, cuando reciben una alabanza, se entristecen,
porque ven que esa alabanza procede de las criaturas.
Pero los gnósticos, cuando reciben una alabanza, se alegran, porque ellos ven que procede del Rey-la Verdad
(al-Malik al-Haqq).

» Si te alegras cuando se te da, y te entristeces cuando se te quita, has de saber que aún te encuentras en un estado de inmadurez espiritual, y que tu estado de servidumbre carece de sinceridad.

» Si has cometido una transgresión, que eso no te haga desesperar de alcanzar la rectitud para con tu Señor. Es posible que esa transgresión sea la última que se haya decretado para ti.

» Si deseas que se te abra la puerta de la esperanza, contempla lo que viene desde Él hacia ti, y si quieres que se te abra la puerta del miedo, contempla lo que va de ti hacia Él.

» Quizá la noche de la contracción te reporte un provecho mayor que el amanecer de la expansión. *No sabéis cual de las dos os es más útil.* (Cor. 4:11).

» El lugar de elevación de las luces espirituales son los corazones y los secretos.

» Hay una luz depositada en los corazones que se alimenta de la luz que procede de los tesoros de lo Oculto.

» Hay una luz mediante la cual Él te desvela Sus huellas, y una luz mediante la cual Él te desvela Sus Atributos.

» A veces los corazones se quedan detenidos en las luces, como se quedan detenidas las almas en el velo de las cosas aparentes.

» Él ha ocultado las luces de los secretos tras el espesor de las apariencias de la manifestación. Las luces son algo demasiado elevado como para ensuciarlas con la exteriorización, y exponerlas a los comentarios públicos.

» Gloria a Aquel que no guía hacia Sus amigos (los sufíes) más que para que sirvan de guía hacia Él, y que no hace que llegue hasta ellos más que aquel que Él desea que llegue hasta Sí.

» Es posible que Él te muestre los secretos de Su Reino, pero que no te permita conocer los secretos de Sus siervos.

» Quien descubra los secretos de los siervos de Dios, sin estar cubierto por la misericordia divina, su descubrimiento será una prueba para él, y la causa que atraerá la desgracia sobre sí mismo.

» La satisfacción que experimenta el ego en la desobediencia se manifiesta al exterior, pero la satisfacción que experimenta en la obediencia queda oculta en el interior. Y sanar un mal que se oculta [es más difícil que sanar uno que se manifiesta].

» Puede que la hipocresía se apodere de ti, incluso en un momento en el que nadie te esté viendo.

» Tu deseo de que los hombres sepan que eres uno de los elegidos es una prueba de tu falta de sinceridad en tu estado de servidumbre. Haz desaparecer la mirada que los hombres te dirigen, en la mirada que Dios te dirige. Desaparece de la aceptación de los hombres, por medio de la contemplación de la aceptación de Dios.

» Quien conoce a Dios, el Único Real, lo ve en todas las cosas; quien se extingue en Él, se ausenta de todas las cosas; quien Lo ama, lo prefiere a cualquier otra cosa.

» Lo que te vela de Él es precisamente Su extrema proximidad. Él se vela por la intensidad de Su Manifestación, y se oculta de las miradas a causa de la intensidad de Su Luz.

» No Le pidas para obtener algo, pues haciéndolo demostrarías lo limitado que es tu conocimiento de Él. Pídele simplemente porque, haciéndolo, se manifiesta tu condición de total servidumbre, y se cumplen los derechos del Señorío.

» -¿Cómo podría tu petición, que es posterior, ser la causa de Su Don, que la ha precedido? El Decreto divino, establecido desde la eternidad, es demasiado sublime como para tener que ver con las causas intermedias.

» Los cuidados que Él te prodiga no están provocados por ti. ¿Dónde estabas tú cuando Su Providencia se inclinó hacia ti y te envolvió Su Cuidado? En Su eternidad sin principio no existían ni los actos sinceros ni los estados espirituales. No existía allí más que el Puro Don y la Inmensa Gracia.

» Sabiendo que Sus siervos desean que aparezca el secreto de la Solicitud, ha dicho: *Dios elige a quien quiere para concederle Su Misericordia* (Cor. 3:74). Pero sabedor también de que, si se quedan únicamente con lo anterior, abandonarán toda acción, confiando en lo decretado desde la eternidad sin principio, Él también les ha dicho: *En verdad, la Misericordia de Dios está próxima a los que obran rectamente.* (Cor. 7:56).

» Toda cosa se fundamenta en la Voluntad Divina, pero esta no se fundamenta sobre nada.

» A veces, la cortesía para con Dios les hace abandonar toda petición, porque se abandonan a lo que les está predestinado, y porque se encuentran sumergidos en el recuerdo de Dios (*dhikr*). Solo aquel que puede haber olvidado tiene necesidad de recordar, y no se le llama la atención más que a quien está distraído.

» La llegada de las tribulaciones y los estados de necesidad son los días de fiesta para los aspirantes en la Vía.

» Quizá encuentres en el estado de necesidad un enriquecimiento que no encontrarías en la plegaria ritual ni en el ayuno. Los estados de necesidad son un desfile de dones.

» ¿Quieres verte colmado de dones? Consolida en ti los estados de pobreza y necesidad. *Las limosnas son para los pobres* (Cor. 9:20).

» Realiza tus propios atributos, y Él te asistirá con los Suyos: realiza en ti la humildad y Él te asistirá con Su Gloria; realiza en ti la absoluta impotencia, y Él te asistirá con su Poder Absoluto; realiza en ti la total debilidad, y Él te asistirá con Su Fuerza y Su Poder.

» Puede que se vea favorecido con prodigios alguien que no haya alcanzado aún la perfección.

» El signo de que es Dios, el Único real, quien te ha colocado en un estado espiritual, es que te mantiene en él y te hace alcanzar resultados.

» Quien hable basándose en sus buenos actos, será reducido al silencio por sus faltas. Pero a quien hable basándose en los buenos actos de Dios para con él, nada le hará callar.

» Las luces de los sabios preceden a sus palabras. Allí donde se produce la iluminación, llega la expresión.

» Toda palabra proferida lleva en sí misma la marca del corazón de la que procede.

» Aquel a quien se le ha dado permiso para expresarse, lo hará de un modo inteligible para todos los que le escuchen, y su lenguaje simbólico les resultará claro.

» Puede que las verdades aparezcan con sus luces eclipsadas, si no has recibido permiso para exponerlas.

» Cuando los sufíes se expresan, esto es a causa del desbordamiento de su estado espiritual, o como consecuencia de una instrucción dada a un aspirante con el fin de guiarle. El primer caso es el de los que caminan en la Vía; el segundo, el de los maestros consolidados, los que han alcanzado la realización.

» Las palabras son un alimento para quienes las escuchan; de ellas solo te conciernen aquellas que puedas digerir.

» Hay quien habla de una estación espiritual y apenas la ha vislumbrado, y hay quien habla de una estación espiritual tras haberla realizado plenamente. Es difícil poder distinguirlos, excepto para quien posea la visión interior.

» No le está permitido a quien camina por la Vía espiritual hablar de sus intuiciones espirituales, pues esto disminuiría el efecto de éstas en él, y le impediría ser sincero con su Señor.

» No extiendas la mano para recibir de las criaturas, a no ser que veas realmente que el Dador que se vale de ellas es tu Señor. En ese caso, toma lo que el conocimiento te autorice.

» Si el gnóstico siente a veces vergüenza de exponer sus necesidades ante su Señor, sabiendo que debe abandonarse a Su Decreto, ¿cómo no iba a sentir vergüenza de exponerlas ante una criatura?

» Si dudas entre dos cosas equivalentes, elige la que le resulte más penosa al ego y síguela: no hay nada que le resulte más penoso al ego que la verdad.

» Un signo de que te guía la pasión de tu ego es tu premura a la hora de cumplir las obras meritorias no obligatorias, y tu negligencia a la hora de cumplir las obras obligatorias.

» Él ha vinculado las prácticas obligatorias a momentos del día determinados, no vaya a ser que, al dejarlas para más adelante, te veas privado de la recompensa que llevan consigo. Pero al mismo tiempo, ha fijado para cada acto un plazo, para dejar una parte a tu libre elección.

» Él conoce la poca disposición de Sus siervos a servirle, y por eso les ha impuesto la ejecución de Sus Prescripciones, conduciéndoles de este modo hacia Sí mediante las cadenas de la obligación. "Tu Señor se asombra de algunas gentes a las que tiene que conducir al Paraíso con cadenas" (hadiz).

» Imponiéndote la servidumbre solo está haciéndote entrar en Su Paraíso.

» Quien considere extraordinario que Dios pueda liberarle de su pasión egoica y sacarle de su estado de negligencia espiritual, está acusando de debilidad al Poder Divino. *Dios es Poderoso sobre todas las cosas* (Cor. 18:45).

» A veces Él te sumerge en la oscuridad para hacerte apreciar Sus Dones. Quien no reconozca el valor de los dones cuando los recibe, lo reconocerá cuando sea despojado de ellos.

» Que la afluencia de dones divinos no te distraiga de tu deber de darLe gracias. De no ser así, tu rango será rebajado.

» Si la dulzura de la pasión del ego se apodera de tu corazón, la curación de ese mal es muy difícil. Únicamente un temor angustioso o una pasión arrebatadora pueden arrancar de tu corazón la dulzura de la pasión del ego.

» Del mismo modo que a Él no le gusta la acción interesada, tampoco le gusta un corazón dividido entre Él y otra cosa que no sea Él. Él no acepta la acción interesada, ni visita un corazón dividido.

» Hay luces a las que Él ha permitido llegar (hasta el corazón), y otras a las que ha permitido entrar (en el corazón). Quizá las luces han llegado hasta ti más de una vez, pero han encontrado tu corazón lleno de imágenes de las cosas creadas y han regresado al lugar desde el que descendieron. Vacía tu corazón de las cosas creadas y Él lo llenará de conocimientos y de secretos.

» Si piensas que Él tarda en concederte Sus Dones, mira cuánto estás tardando tú en volverte hacia Él.

» Las obligaciones adscritas a un plazo determinado pueden cumplirse más tarde, pero las propias de cada instante no pueden retrasarse, pues cada nuevo instante renueva las exigencias de Dios sobre ti y refuerza su Orden. ¿Cómo cumplir las obligaciones de un momento anterior, sin dejar de cumplir lo que le corresponde a Dios en ese instante?

» El tiempo perdido de tu vida es irremplazable, y el tiempo aprovechable, inestimable.

» Si amas una cosa, te conviertes en su siervo, y Él no desea que seas siervo más que de Él.

» Ni tu obediencia Le beneficia en nada, ni tu desobediencia Le perjudica. Si te ordena obedecerLe y te prohíbe desobedecerLe es únicamente en tu propio interés.

» AceptarLe no aumenta Su Poder, y rechazarLe no lo disminuye.

» Llegar a Dios es llegar a conocerLo. Por lo demás, Él es demasiado sublime como para que algo se Le una, o para unirse Él a algo.

» Acercarse a Él es ser testigo de Su Proximidad. ¿Qué relación puede haber entre tú y la existencia de Su Proximidad?

» Durante el estado de iluminación, las realidades espirituales llegan de un modo global. Después, con el retorno a la sobriedad, se explicitan. *Cuando te recitamos el Libro, sigue su recitación. A Nosotros nos compete luego su explicitación* (Cor. 75: 18-19).

» Cuando te llegan las inspiraciones divinas, estas destruyen tus hábitos creados. *Cuando los reyes entran en una ciudad, la devastan* (Cor. 27:34). La inspiración procede de la Presencia del Irresistible; por eso no dejan ningún obstáculo sin pulverizar. *Lanzamos la Verdad contra lo falso, y Ella lo pulveriza* (Cor. 21:18).

» ¿Cómo podría nada ocultar a Dios, el Único Real, si Él está presente y manifiesto en eso mismo que le ocultaría?

» No desesperes de ver aceptado un acto en el que no haya un estado de presencia. Es posible que Él acepte un acto cuyos frutos no veas inmediatamente.

» No juzgues favorablemente una inspiración hasta haber visto sus frutos. Las nubes no se desean por la lluvia, sino por los frutos que ésta hace brotar de la tierra.

» No pretendas que las inspiraciones divinas permanezcan después de haber proyectado en ti sus luces y depositado en ti sus secretos. En Dios puedes prescindir de toda cosa, pero nada te permite prescindir de Dios.

» Tu deseo de retener algo que no es Él, es una prueba de que aún no Lo has hallado. Tu tristeza por perder algo que no es Él, es una prueba de que aún Lo has encontrado. La felicidad es consecuencia de verLe y de estar junto a Él, independientemente de la variedad de aspectos bajo los que Él se manifiesta. El tormento es consecuencia del velo que Le oculta, independientemente de la variedad de aspectos bajo los que Él se manifiesta. La felicidad perfecta es consecuencia de la contemplación del Rostro de Dios, el Infinitamente Generoso.

» Los corazones no se sienten preocupados y tristes más que a consecuencia de estar privados de la Visión.

» Muestra de Su perfecto Favor hacia ti es que te concede lo que te es suficiente y te priva de lo que te podría extraviar.

» Reduce tus motivos de alegría y reducirás tus motivos de tristeza.

» Si no quieres verte rebajado, rechaza una soberanía que es efímera.

» Si te tientan los comienzos (de las cosas de este mundo), los finales te harán renunciar (a ellos). Si el exterior te resulta atractivo, el interior te alejará.

» Él ha hecho de este mundo el lugar de aquello que no es Él y una fuente de desasosiego precisamente para hacerte renunciar a él.

» Sabedor de que tú no aceptas el simple consejo, Él te ha puesto a prueba en este mundo para que sea más fácil renunciar a él.

» La ciencia útil es aquella que llena tu corazón con sus rayos y levanta el velo del corazón.

» La mejor ciencia es la que acompaña al temor de Dios. Si la ciencia se alía con el temor de Dios, está de tu lado. Si no es así, está en tu contra.

» Cuando sufras desprecio o crítica por parte de las gentes, refúgiate en el conocimiento que Dios tiene de ti. Si este conocimiento no te es suficiente, has de saber que hay ahí un mal mayor que la aflicción que sufres por el desprecio de los hombres.

» Él te hace sufrir a manos de los demás para que no tengas la tentación de descansar en ellos. Él quiere que sientas insatisfacción por todo para que nada te distraiga de Él.

» Sabes que Satán no se olvida de ti. Por lo tanto, no olvides tú a *Aquel que te tiene sujeto por el mechón de pelo de tu frente* (Cor. 11:56).

» Él ha hecho del demonio tu enemigo para obligarte a huir hacia Él. Él pone en movimiento al ego en tu contra para que no dejes de dirigirte hacia Él.

» Quien se atribuye la humildad, ese es el verdadero orgulloso, puesto que el hecho de humillarse presupone ser antes grande. Atribuirse esa grandeza es ser verdaderamente orgulloso.

» Humilde no es quien, en su acto de humildad, se considera superior a su acto, sino aquel que, humillándose, se considera inferior a su acto.

» La verdadera humildad es la que nace de la contemplación de Su grandeza y de la manifestación de Su Atributo. Solo la contemplación de aquello que Le califica puede liberarte de lo que te califica a ti.

» La alabanza a Dios distrae al creyente de agradecerse a sí mismo. Los derechos de Dios le impiden recordar sus propios intereses.

» El verdadero amante no es aquel que espera alguna compensación por parte del amado, o que le pide algo. El verdadero amante es quien gasta por ti, no por quien tú gastas.

» Si no existiera el campo de batalla del ego, no habría camino para que transitaran por él los caminantes de la Vía. Entre Él y tú no hay ninguna distancia para tener que desplazarte, ni separación alguna para impedir tu Unión con Él.

» Él te ha puesto en un mundo intermedio, entre Su Reino terrenal (*mulk*) y Su Mundo angélico (*malakût*), para mostrarte el elevado grado que detentas entre

Sus criaturas. Tú eres una perla encerrada en la concha de Su Universo. Este te contiene desde el punto de vista de tu naturaleza corporal, pero no desde el punto de vista de tu espíritu.

» Si los espacios del Mundo Oculto no se le han abierto, el hombre en el universo permanece prisionero de lo que le rodea, encerrado en el edificio de su propio ego.

» Tú perteneces al mundo, en tanto que no hayas contemplado al Existenciador del mundo. Una vez que Le hayas contemplado, el mundo te pertenece a ti.

» El hecho de ser de Sus elegidos no quiere decir que desaparezcan los atributos propios de la naturaleza humana. Esto es comparable a la salida del sol, que ilumina el día. El sol aparece por el horizonte, pero no forma parte del horizonte. Así es esta elección divina: a veces el sol de Sus Atributos brilla en la noche de tu existencia, y a veces se retira de ti, haciéndote retornar a los límites de tu condición natural. El día no va de ti hacia ti, sino que te sobreviene.

» Por la existencia de Sus obras, muestra la existencia de Sus Nombres. Por la existencia de Sus Nombres, afirma la de Sus Atributos, y por la de Sus Atributos, la de Su Esencia. Es imposible que un atributo subsista por sí mismo. Ante los señores del rapto divino Él desvela la perfección de Su Esencia, para después hacerles regresar a la contemplación de Sus Atributos, y de estos, al vínculo con Sus Nombres, y de Sus Nombres, a la contemplación de Sus obras. Pero los que recorren la Vía de un modo gradual siguen un camino inverso. Así pues, el final para los "itinerantes" es el inicio de los "raptados", y el principio para los "itinerantes" es el final para los "raptados", pero en un sentido diferente. Puede suceder también que se encuentren en el camino: unos subiendo, y los otros descendiendo.

» Del mismo modo que las luces del cielo no aparecen más que en el mundo visible, así el valor de las luces de los corazones y los centros secretos no es conocido más que en el Reino Invisible.

» Encontrar el fruto de las obras meritorias rápidamente, anuncia a su autor existencia de una recompensa futura.

» ¿Cómo puedes pedir una compensación por una obra que Él mismo te ha concedido? O, ¿cómo puedes pedir una recompensa por un acto de sinceridad que Él mismo te ha regalado?

» En algunos casos, las luces vienen antes que las prácticas invocatorias (*adhkâr*). En otros casos, las prácticas invocatorias vienen antes que las luces. El primero invoca a Dios porque tiene su corazón iluminado, y el segundo, lo invoca para que Dios ilumine su corazón.

» El recuerdo de Dios (*dhikr*) se manifiesta en el exterior en forma de práctica porque hay una contemplación y una meditación interior.

» Él te hizo testigo antes de pedirte que dieras testimonio. Mientras que las manifestaciones aparentes proclaman Su Divinidad, los corazones y los centros secretos realizan Su Unidad Absoluta.

» Él te ha ennoblecido con tres dones: ha hecho que Le recuerdes, y sin Su Gracia no serías digno de recordarLe. Ha hecho que seas recordado en Él, confirmando Su relación contigo. Y, finalmente, ha hecho que seas recordado junto a Él, completando así Su Don.

» Hay vidas largas, pero cortas en gracias divinas; hay vidas cortas, pero ricas en gracias divinas. Aquél cuya vida Él ha bendecido, junta en poco tiempo tales favores divinos, que se escapan a toda capacidad de expresión, y son imposibles de expresar por ninguna alusión esotérica.

» La mayor desgracia concebible es que, estando libre de toda preocupación, no te orientes hacia Él, y que, habiendo disminuido los obstáculos, no te pongas en marcha hacia Él.

» La meditación es el viaje del corazón por el espacio de las cosas creadas. La meditación es la lámpara del corazón; si ella desaparece, nada lo ilumina.

» Existen dos clases de meditación: una de reconocimiento y de fe, y otra de visión directa y contemplación. La primera es la de los "señores de la reflexión", y la segunda la de los "señores de la contemplación y el discernimiento.

Sentencias del *Shayj* Al-'Alâwî

Resulta imprescindible, siempre que se habla del *shayj* Ahmad al-'Alâwî, remitir al lector a la obra de referencia sobre su persona y su doctrina, afortunadamente traducida a nuestro idioma desde hace años. Se trata de la extraordinaria obra de ese gran sabio y hombre de la Vía que fue Martin Lings (Abû Bakr Sirây al-Dîn), titulada *Un santo sufí del siglo XX: el shaykh Ahmad al-Alawi* (Ed. Olañeta, Palma de Mallorca, 2001), cuya lectura aconsejamos a cualquier lector interesado en la temática espiritual en general, y en el sufismo en particular. De ella hemos extraído la información siguiente, con el fin de elaborar una sucinta semblanza de la vida del *shayj* al-'Alâwî.

El *shayj* Ahmad al-'Alâwî nació en Mostaganem (Argelia) en el año 1869, en el seno de una familia humilde pero que contaba entre sus antepasados a algún personaje de cierta importancia. No recibió estudios formales, pero aprendió los rudimentos de la escritura y la lectura con su padre, quien lo inició en el estudio del Corán. No avanzó mucho porque la situación económica de la familia demandaba toda la atención de sus miembros. Esta falta de instrucción metódica fue suplida por la fuerza de voluntad del futuro *shayj*, que de forma autodidacta fue satisfaciendo su inclinación innata por el estudio. Pronto tuvo que ayudar en la economía de la familia, empezando como zapatero para abrir después, en asociación con un amigo, una pequeña tienda que permitió una mejoría en su situación. Por la misma época, siendo adolescente, comienza su asistencia a las sesiones de *dhikr* (el equivalente sufí del mantra) en algunas *zâwiyas* de los alrededores. Su afición por el estudio y las reuniones sufíes le costaría al principio la fuerte oposición de su madre.

En primer lugar recibió la iniciación en la orden de los *'isâwa*, *tarîqa* fundada en el siglo XVI por Muhammad ibn 'Isâ, conocido como *al-shayj al-kâmil*, "el maestro perfecto". En la época en la que el *shayj* al-'Alâwî se vinculó a esta orden, esta había entrado en un estado de degeneración que hacía que se concediera una importancia desmedida a prácticas como comer fuego, el encantamiento de serpientes y los exorcismos. Pero al futuro maestro le impresionaron el desapego de lo mundano y el intenso recogimiento de algunos de sus miembros de la orden, y llegó a adquirir una cierta habilidad en el arte de encantar serpientes. Pero pronto se dio cuenta de que la realización de prodigios no implicaba realmente un avance espiritual. Decidió entonces abandonar las prácticas orientadas a la obtención de dones extraordinarios, limitándose a recitar a las letanías, invocaciones y recitación del Corán a la manera de los *'isâwa*.

Cuando ya había empezado a distanciarse de la hermandad a la que se había afiliado tuvo lugar su encuentro con quien habría de ser su verdadero maestro, el *shayj Sîdî* ("mi señor")

Muhammad al-Buzaydî (más conocido como Sî Hammû al-Buzîdî), de la orden darqâwiyya. Reproducimos a continuación el relato de boca del mismo shayj al-'Alawî:

"En cuanto a mi encuentro con este maestro, de cualquier modo que lo considere me parece que fue una pura gracia de Dios, pues aunque mi amigo *sîdî* Ibn-'Awda —con quien compartía mi negocio—, y yo mismo tuviéramos vivos deseos de hallar a alguien que pudiera darnos la iniciación y guiarnos, no fuimos en busca del *shayj* al-Bûzîdi, sino que fue él quien vino a nosotros de forma totalmente inesperada. Yo mismo no sabía nada de él, excepto una vez, cuando niño, oí pronunciar su nombre estando yo enfermo. Me trajeron un amuleto y dijeron: "Esto viene de Sî Hammû, el *shayj Bûzîdi*". *Lo utilicé y me curé.*

Mi amigo y yo estábamos trabajando juntos cuando de repente él exclamó: "Mira, por ahí viene ese maestro". Fue a su encuentro y le rogó que entrara; el maestro aceptó y estuvieron hablando durante un rato, pero yo estaba demasiado ocupado con mi trabajo para poder prestar atención a lo que decían. Cuando se levantó para marcharse, mi amigo pidió al maestro que no dejara de visitarnos. Éste saludó y salió. Yo pregunté a mi amigo qué impresión le había causado, y me respondió: "Su conversación está muy por encima de lo que uno encuentra en los libros". Venía a vernos de vez en cuando y mi amigo hablaba con él y le acosaba con numerosas preguntas, mientras yo permanecía más o menos silencioso, en parte por deferencia hacia el maestro, y en parte porque mi trabajo no me dejaba mucho tiempo para hablar.

Un día en que estaba con nosotros en nuestro taller, el maestro me dijo: "He oído decir que sabes encantar serpientes y que no tienes miedo a que te piquen". Asentí. Luego dijo: "¿Puedes traerme una ahora y encantarla aquí, delante de nosotros?". Respondí que eso era posible y, saliendo de la ciudad, busqué durante medio día, pero no encontré más que una serpiente pequeña, larga como casi la mitad del brazo. La llevé conmigo y la puse ante el maestro, después de lo cual empecé a realizar mis prácticas habituales. Mientras tanto él, sentado, me observaba. "¿Podrías encantar una serpiente más grande que ésta?", preguntó. Repuse que el tamaño no tenía importancia para mí. Entonces dijo: "Quiero mostrarte una más grande que ésta y mucho más venenosa, y si eres capaz de dominarla, es que eres un verdadero sabio". Le pedí que me indicara dónde se hallaba y dijo: "Hablo de tu ego, que está entre los dos costados de tu cuerpo. Su veneno es más mortal que el de una serpiente y si tú eres capaz de dominarla y de hacer de ella lo que te plazca eres, como he dicho, sin duda un sabio". Luego añadió: "Ve y haz con esta pequeña serpiente lo que acostumbras a hacer con ellas y no vuelvas nunca a estas prácticas". Salí, preguntándome acerca del ego y sobre cómo su veneno podía ser más mortal que el de una serpiente.

Otro día, durante esa época en que acostumbraba a visitarnos, el maestro fijó su mirada en mí y dijo a mi amigo: "Este muchacho está cualificado para recibir la enseñanza", o bien, "recibiría la enseñanza con provecho", o alguna otra observación por el estilo. En otra ocasión encontró en mi mano un papel en el que estaban escritas unas palabras en alabanza del *shayj* Muhammad ibn 'Isâ; después de mirarlo, me dijo: "Si vives lo bastante serás, si Dios quiere, como *sîdî* Muhammad ibn 'Isâ", o, "llegarás a su rango espiritual". Ya he olvidado sus palabras exactas. Eso me pareció una posibilidad muy remota, pero respondí: "Si Dios quiere". Poco después entré en su orden y lo tomé como guía para que me iluminara en la vía de Dios".

El *shayj* Muhammad al-Bûzîdî le transmitió el *wird* —la serie de invocaciones y letanías específicas de cada orden que el iniciado debe recitar al amanecer y al atardecer—, preparando al discípulo para las enseñanzas que vendrían más tarde. Poco después lo inició en la práctica de la invocación del Nombre Supremo según la modalidad de la *tarîqa darqawiyya*: ésta debe realizarse en soledad durante un retiro controlado por el maestro, pronunciando el Nombre de un modo particular. Como carecían de un lugar adecuado, el *shayj* al-'Alawî comenzó a realizarlo de noche en un cementerio próximo, pero el lugar le impresionaba, y le impedía concentrarse en la Palabra Divina.

La manera en que el *shayj* al-Bûzîdî guiaba a sus discípulos de etapa en etapa variaba de unos discípulos a otros. A veces se limitaba a formarlos en la teoría esperando que se suavizara su carácter. Pero el sistema que más a menudo seguía, y que también seguiría el *shayj* al-'Alâwî y luego transmitiría a sus discípulos, consistía en ordenar al discípulo que invocara el Nombre acompañado de la clara visualización de sus letras hasta que éstas quedaban grabadas en su imaginación. Luego le decía que las extendiera y las agrandara hasta que llenasen todo el horizonte.

El *dhikr* debía continuar de esta forma hasta que las letras se volvían como la luz. Luego el maestro mostraba el camino a partir de este punto, y gracias a esas indicaciones el espíritu del discípulo se remontaba más allá del universo creado, en el supuesto de que tuviese suficiente preparación y aptitudes. De no ser así, habría necesidad de someterle a una purificación interior especial y a otras disciplinas espirituales.

Siguiendo esas indicaciones el discípulo se hacía capaz de distinguir entre lo Absoluto y lo relativo, y veía el universo como una bola o una lámpara suspendida en un vacío sin principio ni fin. Luego, a medida que iba perseverando en la invocación, acompañada de la visualización, la visión del universo iba perdiendo intensidad hasta que ya no parecía un objeto definido, sino una simple sombra. Más adelante incluso dejaba de ser eso, hasta que finalmente el aspirante se sumergía en el Mundo del Absoluto y su certeza era reforzada por su pura Luz.

Una vez avanzado en la vía, el shayj al-Buzîdî lo asoció a su misión permitiéndole iniciar e instruir discípulos. Quince años más tarde, poco antes de que su maestro muriera, Ahmad al-'Alâwî sintió la necesidad de emigrar a Oriente. La muerte de su maestro le hizo olvidar por el momento tal propósito. Cuando pensaba que ya era libre para realizar el viaje, y habiendo preparado todo para partir, una asamblea de *fuqarâ* lo nombró sucesor del *shayj* al-Buzîdî. De nuevo tuvo que aplazar el viaje para dedicarse a reorganizar la *tarîqa*.

Tras recibir el juramento de fidelidad de sus antiguos con-discípulos decidió visitar a algunos que estaban fuera de Mostaganem, llegando hasta Túnez. Durante su estancia en la capital tunecina el *shayj* contactó con varios *fuqarâ'*. Uno de sus nuevos discípulos, Muhammad al-Madânî, se hizo cargo de difundir con éxito la orden *'alawiyya* en Túnez, llegando a formarse una rama independiente que llevaría el nombre de madaniyya. Desde Túnez el *shayj* embarcó hacia Trípoli con la intención de visitar a algunos familiares. En Libia conoció a un sufí turco que ocupaba un cargo en la administración de aduanas. Con él sostuvo conversaciones de elevado nivel espiritual, llegando a ofrecerle la *zâwiya* que el funcionario había abierto en Trípoli. El *shayj* residió en ella durante un tiempo, hasta que sus deseos de viajar de nuevo lo empujaron, esta vez hacia Turquía. Llegó a Estambul, la sede del califato, con la esperanza de encontrarse con otros maestros sufíes, pero eran tiempos de revueltas que culminarían con el acceso al poder de Ataturk y la instauración de un régimen laico. La impresión que el *shayj* al-'Alâwî recibió de la nueva situación fue terrible, y nunca dejó de criticar el nuevo régimen, que había provocado la desaparición del califato otomano y, en consecuencia, la desmembración del islam.

Comienza entonces la época más oscura de la vida del *shayj*. Durante varios meses viajó por Oriente Medio y realizó la peregrinación a La Meca, pero se sabe muy poco sobre sus movimientos. En cualquier caso, regresó a Argelia, decidido a retomar la dirección de la orden. Su edad rondaba por aquel entonces los cuarenta años.

El *shayj* al ʿAlâwî tuvo la convicción íntima de ser el renovador espiritual de su tiempo. El profeta Muhammad anunció que en cada siglo aparecería un *muŷaddid*, un "renovador" espiritual. El último habría sido, según una idea extendida en el sufismo norteafricano, el *shayj* Darqâwî, a cuyo linaje espiritual pertenecía Ahmad al-ʿAlâwî. Al-ʿAlawî escribió en un verso: "Yo soy el escanciador, el renovador", y también: "Proclama, oh cronista, el nombre de al-ʿAlâwî; Dios lo ha elegido (como renovador) después de al-Darqâwî". La inmensa talla espiritual del *shayj* al-ʿAlâwî, junto a la deserción de algunos de sus discípulos, motivó los celos de los jefes de varias *zâwiyas*. Como era de esperar, la mayor oposición hacia él vino primero de los centros *darqâwîs* de los alrededores. Esta oposición alcanzó su punto culminante cuando el *shayj*, al cabo de unos años, decidió independizarse de la *zâwiya* madre de Marruecos, inaugurando así una rama distinta de la orden, a la que denominó *al-tarîqa al-ʿAlawîyya al-Darqâwîyya al-Shâdhiliyya*, mencionando en este nombre los puntos más importantes de su genealogía espiritual.

Uno de los motivos de esta decisión fue la necesidad que sentía de introducir, como parte de su método, la práctica de la *jalwa*, es decir, el retiro en la soledad en una celda aislada. De modo ocasional, esta técnica iniciática se llevaba a cabo dentro de la tradición *shadhîlî* en parajes naturales, siguiendo el modelo del Profeta, que lo hacía en la cueva del monte Hirâ, en las cercanías de La Meca. El *shayj* al-ʿAlâwî quería hacer de la *jalwa* una práctica metódica y regular, bajo la estricta vigilancia de un maestro o de un representante autorizado del mismo.

La hostilidad de las zâwiyas duró poco, pero fue sustituida pronto por la de los enemigos del sufismo, convirtiéndose pronto en uno de los blancos principales de sus ataques. Por el mundo islámico se difundía el panislamismo, que preconizaba la modernización y acusaba al sufismo de ser causa de la decadencia de los pueblos musulmanes. Una publicación periódica, *al-Shihâb*, fue el medio portavoz de los reformistas, que predicaban la necesidad de recuperar el islam "puro" de las primeras generaciones musulmanas (*salaf*), por lo que recibieron también el nombre de salafíes. En 1920 el *shayj* al-'Alâwî escribió su primer libro en defensa del sufismo, en respuesta a un panfleto editado en Túnez que arremetía contra los sufíes y sus practicas. A pesar de que las acusaciones eran burdas y superficiales, el maestro comprendió que su alcance iba mucho más allá de su autor inmediato, y que se trataba en realidad de la cristalización de una hostilidad general, producto de la ignorancia y la decadencia del islam exotérico, que no podía pasarse por alto. El futuro (nuestro presente) le daría ampliamente la razón.

Entre tanto, la reputación del *shayj* crecía y el número de sus discípulos aumentaba sin cesar, algunos de ellos de origen europeo. A pesar de su carácter reservado, acogía siempre a quienes acudían a él y los transmitía la iniciación. Se construyó en Mostaganem una gran *zâwiya* con capacidad suficiente para recibir el constante flujo de aspirantes atraídos por la fama del maestro. Nombró un gran número de muqaddam ("representantes" del maestro) que lo representaban en distintas ciudades o pueblos, transmitiendo la iniciación, la doctrina y el método. Hacia el final de su vida, el *shayj* al-'Alâwî tenía *zâwiyas* fundadas por él mismo o por sus representantes por todo el norte de África, Oriente Medio e incluso Europa.

El *shayj* falleció el año 1934 en su *zâwiya* de Mostaganem. Le sucedió a la cabeza de la orden el *shayj* 'Adda ibn Tûnis. Con el paso del tiempo, algunos representantes locales de la tarîqa se fueron desconectando del centro común, organizándose de forma independiente. Hoy en día, la *tarîqa* 'Alawiyya consiste en una amplia familia espiritual de hombres y mujeres iniciados por discípulos del *shayj* al-'Alâwî, del *shayj* 'Adda o sus sucesores, sin un nexo organizativo común. Sin embargo, un *espíritu* de fraternidad, los ritos propios de la *tarîqa*, una práctica común y la *bâraka* del *shayj* al-'Alâwî que vehiculan dichos ritos y dicha práctica, vincula estrechamente a todos estos hombres y mujeres, de muy diversas procedencias culturales, más allá de las circunstancias de la filiación iniciática personal de cada uno.

Las sentencias de sabiduría del *shayj* al-'Alâwî, recogidas y publicadas por su sucesor, el *shayj* 'Adda ibn Tûnes (1898-1952), se enmarcan en la línea de recopilaciones de *hikam* que ha existido a lo largo de la historia del sufismo, desde su inicio hasta nuestros días.

Para esta traducción he usado la edición bilingüe (árabe-francés) sin indicación de fecha, publicada por la editorial de la *tarîqa* en Mostaganem (Argelia), bajo el título de *Hikmatuhu: sa sagesse*. Veinte de estas sentencias ya fueron traducidas y publicadas por Martin Lings en la biografía del *shayj* al-'Alâwî anteriormente mencionada, acompañadas por comentarios del mismo Lings, que por su extraordinario interés reproduzco de forma parcial.

Sentencias

» Hay distintos grados entre los gnósticos: el que conoce a su Señor y el que se conoce a sí mismo. Y el que se conoce a sí mismo tiene un grado de gnosis más elevado que el que conoce a su Señor.

Comentario

Dice Martin Lings, en su comentario a esta *hikma*: "La clave de esta fórmula reside en la dualidad implícita en el Señorío divino, así como en el Nombre de "Creador", es decir, la dualidad Señor-siervo y Creador-criatura. Pero más allá de ella está la Unidad del Absoluto que no permite que ninguna dualidad se introduzca en su Una y Única Infinitud Indivisible. En otras palabras, más allá del Dios personal está el Sí Transpersonal, que es lo que el shayj quiere decir con la expresión: "sí mismo". Esto recuerda la perpetua pregunta de Sri Ramana Maharshi: "¿Quién soy yo?". Quienquiera que haya respondido a esta pregunta, no simplemente en teoría, sino por realización, puede ser denominado "el conocedor de sí mismo".

» Hay distintos grados de ignorantes velados: el que está velado con respecto a su Señor y el que está velado con respecto a sí mismo. Y el velado con respecto a sí mismo tiene un velo más espeso que el velado con respecto a su Señor.

Comentario

"El *shayj* expresa aquí indirectamente la preeminencia del esoterismo sobre el exoterismo. La piedad no es otra cosa que una transparencia, en un grado u otro, del velo existente entre el siervo y su Señor; y el mismo hecho de que el exoterismo es obligatorio para todos significa que este velo no puede ser, normalmente y por naturaleza, impenetrable. De no ser así, el agnóstico y el ateo no serían tan culpables. Pero en la inmensa mayoría, la doctrina esotérica, es decir, la doctrina del Sí Mismo —que nunca es totalmente secreta, pues siempre está, por así decirlo, "en el aire"— no despierta ninguna respuesta subjetiva de aspiración espiritual; en ellos el Intelecto duerme, el Ojo del Corazón, que es el órgano de la percepción de Sí mismo, está cerrado. Por esto se puede decir que la mayoría están más espesamente velados con respecto a sí mismos que con respecto a su Señor. Y, en verdad, si todos los demás velos cayeran, se podría decir no que el Señor sería un velo sobre el Sí (pues el velo sobre el Sujeto debe ser subjetivo), sino que todavía estarían velados por su aspiración centrífuga. El esfuerzo espiritual debe finalmente volverse en una dirección interior, pues "el Reino de los Cielos está dentro de vosotros"".

» Hay diversos grados entre los ascetas (*zâhidûna*): el que se abstiene de lo que está junto a Dios y el que se abstiene de lo que tiene ante él mismo. Pero la abstinencia del que se abstiene de lo que está junto a Dios es más severa de la de aquél que se abstiene de lo que tiene ante él mismo.

Comentario

El término *zuhd*, de donde deriva *zâhid* (pl. *zâhidûna*) suele traducirse como "ascesis", "continencia" o "abstinencia". Según el sabio persa al-Yuryânî: "En su uso común, esta expresión significa "rechazar la atracción que sobre uno ejerce una cosa". En la terminología técnica de las Gentes de la Realización Espiritual (los sufíes), *zuhd* es la aversión (*bugd*) y el alejamiento (*i'tirâd*) que uno siente por esta existencia. Consiste en renuncia al reposo (*râha*) en este mundo por buscar el del Otro. Es, en última instancia, que vacíes tu corazón como has vaciado tu mano de posesiones". Sin embargo, entre los sufíes, el ascetismo es considerado a menudo una actitud equivocada, consecuencia de una comprensión aún imperfecta de la Vía espiritual. Es decir: al renunciar a los bienes y satisfacciones del mundo material, el asceta está, de alguna forma, otorgándoles una existencia propia, separada del Principio, y elevándolos a la categoría de algo capaz de interponerse entre él y la Realidad Suprema. Según el célebre Abû Yazîd al-Bastâmî, el gran maestro sufí del s. IX, principal representante de la vía de la "ebriedad": "Aquellos que están más velados de Dios se agrupan en tres clases, según el objeto que constituye su velo: el sabio con su ciencia, el devoto con sus devociones y el asceta con su renuncia".

» El que conoce a Dios se abstiene de lo que hay junto a Él, pero aquel que no Lo conoce, no se sacia nunca de Sus Favores.

» Quien logra conocer a Dios en sí mismo, se vuelve hacia sí mismo y busca obtener su propia complacencia.

> ### Comentario
>
> La expresión árabe *"fî nafsihi"* puede ser traducida como "en su alma", o en "sí mismo", por lo que esta sentencia podría aplicarse, como bien dice Martin Lings en su comentario, a una amplia gama de experiencia espiritual, desde una primera vislumbre de la gnosis, hasta el final del camino.

» La Contemplación del Único Real (*al-Haqq*) es separación. La verdadera Unión consiste en estar ausente de ti mismo y de Él.

» Quien proclama la Unicidad de Dios es un ignorante, y quien Lo contempla es un distraído.

» Hay dos contrarios que jamás se unen: si tú eres, Él no es; si Él es, tú no eres. Abandona pues tu existencia y el Convocador Supremo te llamará hacia Él.

» Quien actúe según la Ciencia antes del momento que le corresponde, será castigado con la privación de la misma. *"Y no te apresures en la Recitación antes de que se te*

decrete su revelación. Y di: "¡Señor mío, aumenta mi ciencia!""
(Corán 20:111).

» Todo aquel que exprese la Realización espiritual de forma racional, será considerado un hereje (*zindîq*), pero el que la mantenga oculta, será considerado un ser realizado.

» No se han multiplicado los defectos del ego *(nafs)* sino para ocultar las Luces Santísimas *(anwâr al-Quds)* [que hay en ti].

Comentario

En este sentido particular, podemos considerar a la *nafs* como el conjunto de tendencias del ser contrarias a la realización espiritual. El gran sufí persa del s. IX, al-Qushayrî, dice en su *Risâla* ("Epístola") que los sufíes "entienden por este término los aspectos defectuosos de la criatura, sus caracteres y actos censurables. Estos son de dos tipos: unos adquiridos, como su desobediencia y rebeldía frente a la Ley divina, y los otros son innatos, propios de su naturaleza inferior, como el orgullo, la cólera, el odio, la envidia, el mal carácter, la intolerancia, etc., todos criticables por sí mismos. [...] Pero la peor de las tendencias de la *"nafs"*, y la más difícil de combatir, es su propensión a creer que hay en ella algo bueno y que ella es digna de toda consideración. Por eso se dice que hay en ella un *shirk* oculto (*shirk* es el hecho de asociar algo al Principio Supremo)".

El "combate contra la nafs", que recibe el nombre de
"yihâd mayor", tiene pues como objetivo la "muerte
de la *nafs*", "muerte" que hay que entender como la
reintegración de los elementos psíquicos a su estado normal y su transformación, no su destrucción
propiamente dicha. En cualquier caso, no debemos
olvidar, como nos recuerda el *shayj* al-Darqâwî, que
el ego (*nafs*) y el espíritu (*rûh*), no son sino dos caras
de una única y misma esencia. Por la purificación del
alma, las tendencias centrífugas de la *nafs* se invier-
ten, y su naturaleza es transmutada en la del *rûh*.

» No abandones tu ego (*nafs*) ni te enfrentes a él. Más bien acompáñalo y busca lo que hay en él.

Comentario

Dice Martin Lings en su comentario a esta *hikma* del *shayj*: "Con estas palabras el *shayj* descubre toda una perspectiva de método espiritual que es, desde el punto de vista práctico, un complemento muy necesario de los ascetismos, más conocidos, de auto-negación. A menudo ocurre que, cuando el primer entusiasmo del iniciado se ha enfriado, éste atraviesa un período de aridez en el que a veces ve que le falta por completo el fervor espiritual. Necesita que se le recuerde que su alma eligió, por propia voluntad, entrar en la vía espiritual. Si bien esta elección no fue dictada por una unanimidad de los elementos psíquicos (pues esta unanimidad señala el final del camino, no su comienzo), hubo sin embargo un irresistible predominio a favor de la Verdad, y este predominio es lo que se llama "vocación", pues el llamamiento divino vine de dentro al igual que de fuera. Se pueden vencer muchas resistencias interrogando al alma a cada paso; pues incluso en prácticas tales como la reclusión espiritual, de las que algunos elementos psíquicos huyen como de la muerte, el alma puede ser obligada a admitir que en realidad está haciendo lo que ha elegido hacer, y que no desea hacer nada más. Este método es como una primera etapa del camino que conduce a la pregunta: "¿Quién soy yo?""

» Dios, el Único Real, es inaccesible a las miradas, pero Él las alcanza todas. ¿Cómo podrían alcanzarle a Él, estando Él más cerca de ellas que ellas mismas?

» La realización de la Unicidad Absoluta (*tawhîd*) no es algo que se pueda expresar con palabras, sino que es certidumbre absoluta (*yaqîn*) y experiencia unitiva. ¡Cuánto ignorante se deleita en su ignorancia y cuánto sabio se duele de su conocimiento!

» El verdadero objetivo no es conocer a Dios tras descorrer el velo, sino conocerLe en el velo mismo. Él tiene una puerta en cuya parte posterior se encuentra la Misericordia, y en cuya parte anterior está el Castigo.

» No hay un solo átomo en la Existencia que no lleve uno de los Nombres del Adorado.

» El verdadero objetivo no es que Le conozcas en la totalidad de los Nombres Más Hermosos, sino que Le conozcas en cada palabra y significado. *"Y Él enseñó a Adán todos los nombres"* (Corán 2, 30).

» La realización de la Unicidad Absoluta (*tawhîd*) no es lo que está escrito en las hojas de papel o lo que pronuncian las bocas. La realización de la Unidad (*tawhîd*) son las huellas que dejan los amantes, cuyas luces centellean en los horizontes.

» La realización de la Unicidad Absoluta (*tawhîd*) es como el fuego: cualquier cosa sobre la que cae es consumida y purificada.

» Si se desvelara el secreto del gnóstico (*'ârif*), captarías la realidad interior de la Revelación.

» Un gnóstico no entra en el Paraíso más que fingiendo estar distraído de Dios, el Único Real.

» Si lo que le correspondiera de Dios al gnóstico fuera solo el Paraíso, este sería para él lo que es el Infierno para el que está velado de Dios.

» Si ves al gnóstico practicando el Recuerdo de Dios (*dhikr*), has de saber que está distraído, porque cuando se encuentra en estado de Presencia, es el silencio lo que le corresponde.

» Dios, el Único Real, no está ni cerca ni lejos.

» Las personas que más exageran la Trascendencia (*tanzîh*) de su Señor, son las más alejadas de él.

Comentario

Este término, *tanzîh*, puede traducirse de forma más literal como "alejamiento" o "exaltación". Su contrario es *tashbîh*, que puede traducirse como "comparación" o "similitud". El primer término alude, en efecto, a la "incomparabilidad", a una "afirmación de la Trascendencia divina", y el segundo a una "afirmación del simbolismo", y hasta a una "identidad esencial" de todas las cosas con la Esencia divina. Dice Titus Burckhardt en su obra *Ensayos sobre el conocimiento sagrado*: "En teología, el punto de vista de la incomparabilidad (*tanzîh*) es el que triunfa como más verdadero, porque exime a la idea de Dios de lo que es limitado; pero en metafísica —y por tanto en esoterismo—, el que resulta esencial es el punto de vista de la comparabilidad, porque permite superar el dualismo criatura-Creador y libera así al conocimiento intelectual de las limitaciones de la ilusión cósmica".

En otra de sus obras dice el mismo autor: "La teología islámica, al igual que la de los padres griegos, distingue dos formas de considerar la naturaleza divina: la "exaltación" o "el alejamiento" (*tanzîh*), que niega toda similitud de Dios con las cosas y afirma así Su Trascendencia, y la "comparación" o "analogía" (*tashbîh*), que por el contrario describe a Dios por medio de símbolos y manifiesta por ello mismo Su Inmanencia con respecto a las cosas. Ambas perspectivas son en realidad complementarias, y el error doctrinal por excelencia consiste en aferrarse a una de ellas con exclusión de la otra; el "alejamiento" es superior a la "comparación" en el sentido de que la negación de toda determinación limitativa, luego la negación de toda negación, es la afirmación más universal; sin embargo, el "alejamiento" unilateral llega a excluir al mundo de la naturaleza divina y, por consiguiente, a limitar ésta, oponiendo Dios al mundo. En cuanto al punto de vista de la "comparación", es teóricamente inferior al primero, pero superior en su realización contemplativa, puesto que corresponde al asentimiento directo de lo creado en lo creado, pero a su vez implica el peligro de limitar la naturaleza divina".

En su comentario a esta *hikma*, dice Martin Lings: "En una ocasión, en un marco de grandeza insuperable, ante las montañas que se elevaban con sus laderas cubiertas de bosques de pinos y sus blancas cimas nevadas, con un cielo azul moteado de nubes blancas que a intervalos semiocultaban el brillo del sol, uno de los discípulos del *shayj* [al-'Alâwî], con un movimiento de su mano hacia el paisaje, me dijo: "Dios es así"; y en aquel momento comprendí, con algo mucho más profundo que una mera comprensión mental, que, de no ser por la Belleza Divina, todo lo que se extendía ante mis ojos desaparecería en un instante. El mismo maestro ha dicho también:

"En la cueva, el Profeta enseñó a Abû Bakr los misterios del Nombre Divino. Una tela de araña impidió que los infieles entrasen. Esta telaraña es la doctrina esotérica que separa al mundo profano de la gnosis, y a la gnosis del mundo profano. La tela de araña es la exteriorización del Sí."

Continuó explicando que los círculos concéntricos representan la Trascendencia, pues figuran la jerarquía de los mundos situados unos sobre otros. La Incomparabilidad del Sí, Su Absoluta Trascendencia es representada ya por la circunferencia exterior, ya por el centro, según si estamos considerando el aspecto Omnímodo o el de Interioridad. Los radios que conectan los diferentes círculos entre sí representan la Inmanencia Divina que nos permite hacer comparaciones y sacar analogías. Cada punto de intersección de un radio y una circunferencia es un santuario de la Presencia Divina que hace posible el decir: "Dios es así"; y, puesto que todo punto de toda circunferencia tiene virtualmente un radio que lo conecta con el centro, todo punto puede ser el lugar de la manifestación de un secreto divino. Pero los que "exageran la Trascendencia" son los que sólo consideran los círculos; ello son las personas que "más alejadas están de su Señor" porque, al negarse a considerar los radios, se están privando de toda conexión con Dios y están privando a este mundo de todo significado simbólico".

» La Proximidad tiene lugar cuando hay dualidad, pero Dios, el Único Real, es Uno.

Comentario

Como en otras sentencias del *shayj*, el sentido más profundo y esotérico se encuentra en la paradoja que consiste en describir la Proximidad (*qurb*) —concepto que, normalmente, en la terminología técnica del sufismo tiene un sentido evidentemente positivo—, como un punto de vista aún imperfecto. En cualquier caso, merece la pena recordar que en la mayoría de los términos del vocabulario usado por los sufíes tiene lugar lo que podríamos denominar una "polisemia espiritual". Es decir, que cada palabra posee una variedad de significados, dependiendo de la profundidad desde la que se esté utilizando y de desde la que se interprete. En el caso concreto del término *qurb* ("Proximidad"), por ejemplo, el sufí marroquí Ahmad Ibn 'Ayîba (1747-1809) nos dice que "[...] cuando Dios, el Único Real, se aproxima a su siervo, le despoja por completo de su existencia ilusoria. [...] Tras esto, la proximidad se oculta en la Proximidad, de forma que el "próximo" se une a la Proximidad, y el amante al Amado, como ha dicho Hallây: "Yo soy el que ama / y el que ama soy Yo", o como ha dicho Shushtarî: "Yo soy el amante y el Amado: / no hay nadie más"". En este caso, y a pesar de seguir describiéndose en términos de "Proximidad", lo que sugiere una dualidad de entidades, el *shayj* nos está hablando claramente de un estado "no-dual".

» Quien contemple a Dios, el Único Real, en la Creación, se ausentará de ella y desaparecerá en Él, no permaneciendo más que el Único Real.

» Quien busque a Dios por otro medio distinto a sí mismo, nunca Le encontrará.

> Comentario
>
> Como indica Martin Lings en su comentario a esta *hikma*, el buscador necesita en un primer momento buscar a Dios a través de su maestro, sin cuya guía correría el peligro de permanecer bloqueado. Pero la tarea del maestro es, fundamentalmente, la de impulsar al buscador hacia su Sí interior.
>
> La vía del auto-conocimiento es, sin duda, un camino peligroso. Su gran peligro, como nos recuerda Lings, es que el buscador, por carecer del necesario sentido del Absoluto, inconscientemente "deifique un repliegue secreto del ego", imaginando que es el Sí o Yo superior.

» La lengua de aquel que conoce a Dios por medio del razonamiento es infecunda, sin él percibirlo.

» Quien busca a Dios en otra cosa que no sea sí mismo, ha extraviado el camino hacia su objetivo.

» Aquel cuya estación espiritual (*maqâm*) corresponda a su estado (*hâl*), revelará el secreto de Dios, aun sin pretenderlo.

Este aforismo trata de un asunto especialmente complejo que Martin Lings explica bien, aunque de modo escueto, en su comentario a esta *hikma* en su obra sobre el *shayj*. El estado espiritual (*hâl*, en la terminología técnica del sufismo), es una gracia que en cualquier momento puede fluir sobre el iniciado. El término, de hecho, está tomado de un versículo coránico en el que se nos dice que Dios penetra (*yahûlu*) entre un hombre y su corazón. El hombre que ha alcanzado la realización espiritual es aquel cuyo estado se ha convertido es una "estación" (*maqâm*), es decir, en algo que ya no es transitorio, sino permanente. El ser realizado es perpetuamente consciente de que Dios está más cerca de él que su sí más íntimo, y esta consciencia incesante hace diáfanos los velos, de forma que incluso su cuerpo —especialmente su rostro— puede a veces mostrar una cierta transparencia, casi como si estuviera iluminado, como si dijera "yo soy la Verdad", como hizo el célebre sufí Hallâÿ cuando "reveló el secreto de Dios". Únicamente quien está velado con respecto al secreto puede lograr ocultarlo del todo. Por otra parte, como señala muy oportunamente Lings, "decir" o "revelar" el secreto de Dios no es lo mismo que "divulgarlo".

El divulgador está "vencido", como dice el *shayj* en la siguiente sentencia, y lo revela porque, al no poseer la estación espiritual, no tiene capacidad para contenerlo. Muy oportunamente, cita Lings el siguiente pasaje autobiográfico del *shayj* Abûl-Hasan al-Shadhilî: "La visión del la Verdad vino a mí y no quiso abandonarme, y era más fuerte de lo que yo podía soportar, por lo que le pedí a Dios que pusiera un velo entre Ella y yo. Entonces una voz me interpeló diciéndome: "Aunque Le imploraras como sólo Sus Profetas, sus Amigos y Muhammad, Su amado, saben implorarLe, no te separaría de Ella con un velo. Pero pídele que te dé fuerzas suficientes para soportarla". Pedí entonces fuerza, y Él me fortaleció. Alabado Sea". Esa fuerza a la que el *shayj* al-Shadhilî hace alusión es el Sí Divino en nosotros, el único que tiene capacidad para recibir la Verdad y fuerza para soportarla. Esta relación puede invertirse, y puede ser el Sí el que sea el contenido, como en las palabras del Profeta Muhammad: "Hay para mí un momento en el que sólo mi Señor puede contenerme".

» Quien oculta el secreto (*sirr*) está velado, y quien lo divulga, está vencido.

» Decir "tú" es un castigo, decir "él" es una prueba, y decir "yo" es dualismo. Dios, el Único Real, está más allá de todo eso.

Nos recuerda Martin Lings en su comentario a esta *hikma* que los pronombres fueron dados al hombre para expresar las diferenciaciones terrestres, no la Unidad Divina. En efecto, si Dios es "Tú", el que habla existe como "yo" y obtiene una retribución. "Tu existencia es un pecado con el que ningún otro puede compararse" son palabras de la famosa maestra sufí Rabî'a al-Adawiyya. Si Dios es "Él", el que habla es proscrito, excluido o suspendido. El "yo" tampoco puede hacer justicia a la Realización Suprema, pues "yo" únicamente puede expresar un sujeto, y la Verdad Suprema no puede ser limitada de ese modo, lo mismo que no puede ser limitada al objeto "Él". Tanto "Yo" como "Él", nos recuerda certeramente Lings, son únicamente fragmentos. El pronombre "yo", por cuanto presupone un complemento para completarla, significa dualidad. Al decir que "Dios, el Único Real, está más allá de todo eso", el *shayj* al-'Alâwî quiere decir que el Sí Supremo es la Síntesis de las tres personas y no puede ser designado de forma adecuada con una sola.

» No te consagres exclusivamente al conocimiento de Dios, de forma que eso te vele de los secretos de la Creación.

» El Conocimiento sin un soporte (*i'timâd*) puede traer consigo el alejamiento.

Comentario

Si seguimos a Martin Lings en su comentario de este aforismo, debemos entender el "soporte" que menciona el *shayj* como la Presencia Divina en el microcosmos, cuya manifestación más exterior son las virtudes del alma del ser individual, las cuales son a su vez reflejo de las Cualidades Divinas. Las semillas del conocimiento, si no tienen al principio un terreno suficientemente profundo para arraigar en él, es decir, si no tienen al menos las virtudes, nunca podrán echar raíces lo bastante profundas como para soportar su desarrollo hacia los Arquetipos de las virtudes.

» Quien ha probado la dulzura de la conversación íntima con Dios, la Única Realidad, ya no soporta la conversación con las criaturas.

» Quien se aparta de la Creación, se está apartando de Dios, la Única Realidad, y "quien no agradece a los hombres no agradece a Dios" (hadîz).

» Quien no se encuentra a gusto en compañía de soberbios, es él mismo un soberbio.

» Aquel que conoce a Dios, ya no Le adora; adora su propio secreto.

» Mantener el velo es una de las perfecciones de la cortesía espiritual (*adab*).

El término adab, a veces traducido como "conveniencias" o "cortesía espiritual", debe de entenderse como el conjunto de "reglas" que gobiernan las relaciones entre los seres, en el respeto a las jerarquías tradicionales y a los ciclos cósmicos. En las tradición islámica, estas "reglas" o "conveniencias" son las instituidas por el Legislador, el profeta Muhammad. Dependiendo del contexto, el término puede referirse a cosas diferentes. En la Vía espiritual, por ejemplo, el *adab* forma parte del método espiritual. En la sentencia del *shayj* al-'Alâwî, el término es susceptible de tener, como sucede con la mayoría de estos aforismos, varios niveles de interpretación. El más exterior puede estar haciendo alusión a la relación del hombre de la Vía —o del gnóstico "realizado"— con los seres de la Manifestación y al respecto de las "conveniencias" para con las criaturas, consecuencia de un estado espiritual equilibrado que concede a cada cosa su "derecho" (*haqq*), conforme a su realidad.

» Una de las manifestaciones de la ignorancia del aspirante en la Vía (*murîd*) es que pide más.

Comentario

En un profundo y certero comentario a esta *hikma*, Martin Lings señala que la ignorancia puede ser de dos tipos. En primer lugar, es ignorancia de la verdad, expresada en el hadiz del Profeta que dice: "A aquel que actúa según lo que conoce, Dios le hará heredar la ciencia de lo que no conoce". Es decir, la incapacidad de comprender que no tiene necesidad de pedir, porque puede recibir un aumento si actúa de acuerdo con lo que ya sabe. En segundo lugar, es la ignorancia de suponer que las cosas del espíritu pueden ser medidas igual que las cosas de este mundo, y que el mismo *murîd* puede juzgar si está o no está recibiendo un aumento.

Sentencias del *Shayj* 'Adda Ben Tûnes (Bentounes)

El maestro

El *shayj* 'Adda Ibn Tûnes (en ocasiones transcrito Bentounes), quien fue maestro de la *tarîqa* 'Alawiyya desde julio de 1934 hasta julio de 1952, fecha en la que partió de este mundo, nació en Mostaganem (Argelia) en el año 1898.

Siendo aún muy joven fue iniciado en la orden, entregándose en cuerpo y alma a su maestro, el *shayj* al-'Alâwî. Este le envió durante dos años a la Universidad al-Zaytûna, en Túnez, donde recibió una formación tradicional en los aspectos exotéricos de la religión y en árabe clásico. A su regreso, se consagró enteramente al servicio de la *tarîqa*. El *shayj* al-'Alâwî, consciente de las extraordinarias cualidades de su discípulo, lo mantuvo siempre cerca de él, confiándole funciones de responsabilidad en la guía de los discípulos, y vinculándolo además a su propia familia, al casarle con su sobrina.

A la muerte del *shayj*, el 14 de julio de 1934, le sucedió como maestro de la *tarîqa*. Durante el tiempo en que desempeñó esa función, la orden se expandió notablemente, abriéndose numerosas *zâwiyas* dentro y fuera de Argelia. En ese período, un buen número de occidentales, tanto hombres como mujeres, se vincularon a la *tarîqa* 'Alawiyya.

El *shayj* 'Adda escribió numerosos artículos, que aparecieron fundamentalmente en tres publicaciones en lengua árabe: los periódicos *Al-Balâg* y *Lisân al-Dîn*, y la revista *al-Murshid* ("El guía"). Muchos de ellos han sido traducidos al francés y recopilados en diversas publicaciones.

En 1952, el escritor francés Jean Biès tuvo la oportunidad de visitar al *shayj* 'Adda en Mostaganem. Producto de aquel encuentro fue un "retrato" del gran maestro espiritual, que apareció en su obra *Voies de Sages* ("Vías de sabios"), del que traducimos los siguientes fragmentos:

"En 1952 tuve el privilegio de encontrarme con el venerado *shayj hayy* 'Adda Ben Tûnis, eminente educador de almas y sabio en Dios (que Dios le conceda Su gracia unitiva y Su paz). Estos encuentros tuvieron lugar en Tijditt, cerca de Mostaganem, en la *zâwiya* [de la orden]. Esta *zâwiya* fue fundada a principios del s. XX por el *shayj* Ahmad al-'Alâwî (que Dios ilumine su tumba), vinculado por medio de una cadena ininterrumpida de transmisión iniciática al mismo profeta Muhammad. Es decir, que nos encontramos aquí en el corazón mismo del esoterismo islámico, el sufismo, [...], más allá de todo formalismo sectario y literalista, de toda "razón" filosófica, de las supersticiones marabúticas y del ritualismo formal. Incomprendido, y en ocasiones hasta desconocido por las masas musulmanas, el sufismo es la pequeña comunidad de discípulos vinculados a la "vía de la irradiación divina", la asamblea de los "íntimos" y de las "gentes del recuerdo divino". En tanto que tal, [el sufismo] excluye todo proselitismo, fanatismo o relación con la política. El dicho del Profeta: "Todo versículo [coránico] tiene un aspecto exterior y un aspecto interior", permite dar a los textos coránicos una interpretación simbólica. (Por esta razón, para los sufíes la "guerra santa" combate al "incrédulo" que se encuentra en el interior de cada uno de nosotros). Mediante la superación de la personalidad individual, conduce al Conocimiento metafísico, apoyándose al mismo tiempo en la "fe", de orden volitivo y afectivo, y en la "gnosis", de orden cognitivo e intelectivo.

Esta alta espiritualidad impregna los lugares en los que reside. Recuerdo bien el pequeño patio de la *zâwiya*, donde las rosas y los jazmines crecían a lo largo del emparrado, recuerdo el antiguo olivar, el arrullo de las palomas en lo alto de las palmeras… No lejos de allí se encontraba la sala de oración, alfombrada con esteras de junco y el oscuro catafalco que cubría la tumba del *shayj* anterior. […] La hospitalidad se manifestaba a través de una exquisita cortesía, adornada por una amabilidad natural de palabra y de gesto, en el seno de una pobreza voluntaria y digna. El canto de una fuente acunaba nuestra tranquilidad. Ningún signo de racionalidad venía a alterar nuestros días, ni a imponer horarios precisos. Aquella parcela paradisíaca estaba hecha de libertad, de transparencia. Uno de nosotros la había bautizado con el nombre de *yannat al-dhât*, es decir, "el jardín de la esencia".

El abandono a la Providencia llenaba los corazones de gozo. Entre los discípulos [del *shayj*] podían encontrarse hombres y mujeres de todas las edades, de todos los estratos —desde el pastor del Atlas y el barrendero de las calles, al profesor de la facultad; desde el vendedor de agua y el limpiabotas, al magistrado y al médico—, de todos los niveles intelectuales y de todas las confesiones. El *shayj* [...] se interesaba por las diferentes tradiciones espirituales, y en particular por la doctrina vedántica del Advaita, la no-dualidad, a la que le gustaba comparar con la doctrina sufí de la *ahadiyya*, la Unidad Suprema. Varias veces le escucharon decir estas palabras, durante sus últimos días en este mundo: "Os he mostrado mi camino, os he hecho conocer mi secreto. Pero si alguno de vosotros descubre a alguien más veraz que yo, os pido que no vayáis a verle solos; avisadme y llevadme de la mano. Iremos a verle juntos."

No tenemos demasiados detalles de la vida del *shayj* 'Adda: la mentalidad tradicional carece de la obsesión occidental por los detalles históricos y biográficos. Mencionaremos únicamente dos anécdotas significativas de su vida.

Siendo aún un niño, aprendiz de zapatero, pasaba largas horas en meditación bajo un árbol. Un día, el cura católico de Mostaganem pasó a su lado y, al verle allí, le preguntó: "¿Crees en Dios, pequeño musulmán?". "Con todo mi corazón", le respondió el niño. "¡Pero si no Le has visto!", le replicó el sacerdote. "¿Sopla hoy el viento?", preguntó el niño. "No, y es una lástima", respondió el francés, secándose la frente. El niño replicó: "Mira en lo alto del árbol, hermano, esa pequeña hoja que se mueve. Se mueve movida por el viento porque es muy ligera. Si somos tan ligeros como ella, también podríamos sentir el viento" ".

A los 18 años fue llamado, al igual que todos los jóvenes argelinos de su edad, al servicio militar. Fue asignado al 2º y 6º regimiento de los soldados argelinos. Ascendido en 1921 al rango de sargento, regresó a la *zâwiya*. Su madre, desesperada por no verle de vuelta a casa, le pidió que se fuese lejos de su maestro y creara un hogar. Jean Biès recoge el diálogo que tuvo lugar entre la madre y el hijo:

— Esta es mi caja de joyas. Las he guardado para ti de modo que con ellas puedas fundar un hogar.

— ¿Qué voy a hacer con todo este oro?

— Deja de seguir al *shayj* al-'Alâwî y crea una familia: estas joyas son tuyas, te las doy.

— Y yo, madre, te las doy a ti para que tú me permitas siga al maestro.

"El *shayj* 'Adda —continúa Biès— llegaría a ser un gnóstico y fundaría su hogar en los "hálitos de la intimidad" divina. Siempre le recordaré con su amplia chilaba blanca, tocado con un turbante que sería su sudario y llevando colgado al cuello el rosario de noventa y nueve cuentas, hechas con huesos de dátil, símbolo de los noventa y nueve Nombres de Dios (el centésimo permanece desconocido e impronunciable), que designan las Perfecciones y las Actividades divinas, las Esencias universales contenidas en la Esencia inmanente al mundo.

En él se respiraba la humildad, el amor, la paciencia, la bondad y la simplicidad. [...] Cada vez que el *shayj* venía hacia nosotros, corríamos a su encuentro con la intención de arrodillarnos ante él. Sobre esa forma frágil que iba minando poco a poco la diabetes se apoyaban las preocupaciones y las angustias interiores de miles de discípulos. Los encuentros con sus discípulos le dejaban agotado, y sin embargo no se quejaba jamás, contentándose con decir: "El cansancio hace su trabajo y yo hago el mío…". [...]

El *shayj* Adda era uno de esos seres de los que apenas se puede decir nada, pues las palabras con las que se les describe jamás les hacen justicia. Era de aquellos que han degustado el sabor de la Identidad Divina, que han olido el Perfume de la Presencia Divina, que se han sumergido en la luz de la Singularidad Divina, en el Mundo del Poder Soberano, revestidos del Manto de la Proximidad, ante el Rostro Señorial… Cuando me comunicaron que había cortado sus vínculos con esta vida y que había marchado hacia la misericordia de Dios, experimenté una profundísima pena.

El *shayj* 'Adda dejó publicados una obra de recuerdos sobre su propio maestro y un *Diwân*, una colección de poemas místicos. Como hombre tradicional que era, prefería la oralidad a la letra escrita. Se expresaba con frases cortas, enmarcadas en largos silencios, acompañadas de suaves gestos. Palabras concretas, pero con una gran carga visual, simpáticas parábolas de aparente sencillez. Solía decir: "En el islam decimos que Dios no tiene vergüenza de tomar por símbolo incluso una mosca".

Durante mi estancia a su lado apenas si le formulé preguntas al *shayj* 'Adda, quizá porque la simple presencia del sabio ya respondía muchas de ellas. Sin embargo, anoté de forma fragmentaria algunas de las respuestas a las preguntas que se le hacían en aquellas reuniones en el patio de la *zâwiya*, durante las hermosas tardes de lo que sería su última primavera entre nosotros.

— Querría saber, *shayj*, qué es el sufismo.

— Cuando le hicieron a Abû Sa'îd Ibn Jayr esa pregunta, respondió: "Lo que tengas en mente, abandónalo; lo que tengas en la mano, dalo; lo que te suceda, no lo evites". [...] Los hombres del Conocimiento divino no son sabios ordinarios. No hablan sobre Dios: son uno con Él. Aquél que dice: "Yo conozco a Dios; yo soy un sufí", no sabe nada de las cosas de Dios. ¿Acaso el perfume dice: "Yo soy el perfume"? Simplemente, perfuma. Decir que uno es sabio o un sufí es ponerse frente a Dios, es ser dos. Pero Dios es Uno. Aquél que Le conoce verdaderamente no puede decir nada, puesto que ya no existe por sí mismo. Si el sufí habla, no puede decir: "Yo soy". Y si dice: "Yo soy", entonces es Dios quien está hablando a través de su boca. La lengua del sufí es la lengua de Dios, sus ojos, los ojos de Dios, su boca, la boca de Dios...

[...] En una ocasión, mi maestro, el *shayj* al-'Alâwî escuchó a uno de sus discípulos dirigirse a Dios de esta manera: "¡Alabado Seas, porque no me hiciste rico! ¡Alabado Seas, porque no me hiciste noble ni instruido!". "¿Por qué dices eso", le preguntó el maestro. "Si Él me hubiera dado riquezas, no Le hubiera conocido. Si me hubiera dado nobleza, habría sido demasiado arrogante como para humillarme ante Él. Si me hubiera dado conocimientos, jamás hubiera podido recibir la Ciencia del corazón".

— ¿Veremos a Dios en el Otro Mundo, *shayj*?

— ¿Cómo esperas ver a Dios en el Otro Mundo si no Le ves en este antes? Únicamente corres el riesgo de verLe y no reconocerLe.

— *Shayj*, ¿qué piensa del mundo de hoy en día?

— Estos tiempos también son tiempos de Dios, hermano.

— Cuando dos hermanos se aman por Dios, ¿hay alguno por quien Él sienta predilección?

— Cuando dos hermanos se aman por Dios, a quien Dios ama más de los dos es aquel que ama más a su hermano. [...] Si no perdéis la razón en la adoración, si no perdéis la cabeza en el corazón, jamás podréis aproximaros al Amado. El Rostro de Dios es el Amor. No hay nada más que Él, el Amor. Ningún otro. Fuera del Amor no hay nada. ¡Dios mío, concédeme Tu Amor, y concédeme el amor de aquellos que Te aman, y concédeme el amor de todo aquello que me aproxime a Tu Amor..!

[…] El discípulo es como una estrella en una alfombra de lana. Esa brillante estrella está apegada a su brillante nombre, a su brillante forma de estrella. Pero ha olvidado que, antes de ser una estrella, era lana. Para hacerla comprender lo que verdaderamente es, es necesario que el maestro, hilo a hilo, deshaga toda la alfombra. Del mismo modo, hay que hacer saborear al *faqîr* (iniciado en la vía sufí) que, a pesar de aparentar ser una estrella brillante, es en realidad lana. Deshacer la alfombra supone también deshacer la estrella, y esto es algo doloroso…

— *Shayj*, háblenos de la *mahabba* (el amor).

— La *mahabba*, hermanos míos, es no poder ya comer ni dormir. Es comprender, y a la vez no comprender nada. Es buscar únicamente el contento de Amado. Es arder de fervor por Él. Es no poder permanecer sin Él. Es desaparecer en Él. La *mahabba*, hermanos míos, es valorar en poco todo lo que venga de uno mismo, y en mucho todo lo que venga de Dios. Es reemplazar los atributos del Amante por los del Amado. Es que el siervo no le pida ya nada a su Señor, y que no sienta ninguna necesidad de pedirle nada. La *mahabba*, hermanos míos, es aquello que borra completamente el rastro de nuestra existencia. No disminuye con el desdén ni aumenta con la complacencia. Es la adhesión del corazón a cualquier manifestación de la Voluntad de Dios. Es el temor de abandonar la veneración de Dios. Es el efluvio de la brisa de Dios y el perfume de Su Proximidad. Es un sabor dulcísimo y una terrible estupefacción. Es el brasero de la consciencia, que quema todo lo que no sea el deseo del Amado. Es una locura cuando comienza, y la muerte cuando acaba. Es el levantamiento de los velos y el desvelamiento de los secretos...

(Unos pocos días antes de su muerte)

"Hijos míos, os he hecho entrega de todo aquello que acerca a Dios, de todos los secretos, excepto del mayor de todos, aquél que más complace a Dios y que conduce hasta Él. Es la generosidad de dar sin cesar. No hablo únicamente de entregar la limosna canónica, sino de dar, de dar sin cesar a las criaturas de Dios, por Dios mismo. Velad por los hermanos, de modo que nunca les falte de nada. Incluso salvar un pajarillo... Este es el último secreto, hijos míos, el más precioso de todos, el que había guardado para esta hora final. La base de esta enseñanza es el Amor. Amad a vuestros hermanos, amad a los guías espirituales que Dios os ha enviado, amad a todas las criaturas de Dios, amad a Dios..."

Un hombre le preguntó un día al Profeta cuál era la mejor de todas las acciones. El Profeta le contestó: "Que la lengua esté siempre húmeda por el recuerdo de Dios…" Como decía el *shayj* al-'Alâwî (que Dios santifique su secreto), la repetición del Nombre permite que el recitador "sature todos sus instantes con la consciencia de la Grandeza de Dios".

— Veo una relación, *shayj*, entre las tradiciones espirituales en el hecho de que cada una de ellas practica la repetición de un Nombre divino, ya sea la "oración del corazón" del hesicasmo, el *japa-yoga* de los hindúes, el nembutsu de los budistas, el *dhikr* de los sufíes…

— El Nombre Divino, revelado por Dios mismo, implica una Presencia divina que se convierte en algo operativo cuando el Nombre se adueña de aquel que invoca. La unión con el Nombre Divino conduce a la unión con Dios. […] Para nosotros, la mención de Dios es la quintaesencia de la plegaria. "RecordadMe y os recordaré", dice el Corán. *Adhkurûni adhkurkum.* Ha dicho el Profeta: "Este mundo estaría maldito, de no ser por el Recuerdo de Dios".

[…] *Lâ ilâha illa-Llâh.* "No hay más divinidad que la Divinidad". Toda la doctrina está contenida en esta afirmación de la Unidad divina, la ahadiyya. Dios es distinto de cualquier cosa, nada puede comparárseLe. La Unidad es Su Esencia, más allá de cualquier definición. Todo aquello que no sea Él, carece de existencia. Él es el Primero y el Último, el Exterior y el Interior. No hay nada que no sea Él, puesto que esa otra cosa que no parece Él, también es Él.

Con las manos extendidas hacia el cielo, el *shayj* 'Adda le pide al Altísimo que haga vivir en nuestros corazones el amor nacido de esos instantes benditos. Las manos se extienden, los corazones se abren. En esa lengua árabe que, como decía Massignon, "coagula y condensa, con un endurecimiento metálico y por veces con una refulgencia cristalina", el *shayj* recita unos versos:

> *Por tu solicitud hacia mí, me haces existir,*
> *y a causa de mi amor por Ti, no espero sino extinguirme en Ti.*
> *Como si estuviera en un cielo sombrío y al sol a un tiempo,*
> *aparezco gracias a Tu luz, y por ella desaparezco.*
> *Quien me ve por la mañana, cree en mi existencia,*
> *y quien me ve por la tarde, me envuelve en mi mortaja..."*

Sentencias

Estos aforismos del *shayj* 'Adda ibn Tûnes (Bentounes) tienen dos procedencias. Algunos no se han publicado nunca, y pertenecen al patrimonio oral de la orden *'Alawiyya*. Otros han aparecido recogidos en la obra *La fraternité des coeurs* (Les Éditions du Reliè, París, 2003), una recopilación de textos breves, parábolas y mensajes del maestro.

» ¿Cómo pretendéis acercaros a Dios, siendo grandes? No olvidéis que Él es el más grande. Si sois orgullosos, Él lo es más aún, pero si sois humildes, Él lo será aún más. El orgulloso no escucha jamás al humilde, mientras que el humilde escucha a todo el mundo, incluso a los orgullosos.

» Dios se aproxima a su siervo tanto más, cuanto mayor sea el lugar que su siervo Le haya reservado en su interior.

» El sufismo es el arte en el que se contienen todas las perfecciones de la naturaleza humana, y la perfección de la naturaleza humana culmina en la perfección espiritual.

» La destrucción del derviche ocurre por uno de estos tres motivos: no respetar a sus padres, olvidar el verdadero objetivo de la vía espiritual, que no es otro que Dios y únicamente Dios, o maltratar a sus hermanos en el camino espiritual.

» La ciencia ilumina la mente, pero la práctica del *dhikr* ilumina el corazón.

» La Verdad siempre se expresa con sencillez.

» Hablar de la realidad espiritual oculta (*haqîqa*) sin tener el estado correspondiente, es impiedad.

» El estado angélico está más allá de los géneros.

» El mundo sensible es una cosa, y el mundo espiritual es otra cosa, pero Dios las contiene a ambas.

» El velo de luz es más espeso para el aspirante en la vía espiritual *(murîd)* que el velo de tinieblas.

» Desde que hablas de cosas espirituales, veo que buscas aislarte del mundo para "buscar a Dios". Pero yo te digo: Él está en el mundo. Y, para encontrar a Dios en el mundo, hay que estar dispuesto a aceptar la carga de aceptar a los seres tal y como son.

» Aquel que tiene sobre sí la marca del conocimiento de Dios puede ir a través del mundo, seguro de la Verdad. Él es el testigo de sí mismo, y el testigo de la Verdad Suprema.

» La vía espiritual es una joya de gran valor y, como una mujer hermosa, se vela, ocultándose a las miradas. Únicamente su esposo, sus familiares y sus íntimos la reconocen bajo los velos, porque ellos la han visto descubierta. Los demás, los que caminan a su lado, se detienen en el velo, en el estilo, en la forma. Lo ignoran todo de la hermosura de la bella.

» Los grados del conocimiento de Dios van en relación con el grado de aceptación del mundo. ¿Qué conocimiento de Dios puede tener aquel incapaz de aceptar el mundo tal y como es?

» Si te contentas con beber el agua de mi pozo, mañana puede que mueras de sed, bien sea porque yo haya cerrado la puerta, o porque me encuentre de viaje. Si quieres saciar tu sed, excava en tu propia tierra y hallarás la fuente, pues esta se encuentra en ti mismo. Excava tu propio pozo, y de este modo siempre tendrás agua, allá donde te encuentres. El pozo está en ti, el agua está en ti, la fuente está en ti. Busca y hallarás el tesoro que te hará rico para siempre. No olvides nunca que aquel que cuenta con las riquezas de otro es semejante a aquel que tiene un hermoso sueño en el que recibe mucho dinero, y que al despertar comprueba que su bolsa está vacía. Lo que puedan poseer los otros es para nosotros como la riqueza de la que disfrutamos en un sueño. Busca en ti mismo, hermano, y encontrarás. Mi consejo final es que, para no hacer esfuerzos inútiles, busques a un experto zahorí capaz de dirigirte hacia el manantial que se encuentra oculto en tu interior.

Sentencias de Abû Sa'îd Ibn Abî-l-Jayr

El maestro

Abû Sa'îd ibn Abî-l-Jayr fue un célebre maestro persa, nacido en el 967 en Mehana, una pequeña ciudad en el Jorasán, donde también murió en 1049. En su juventud, Abû Sa'îd estudió el Corán y gramática árabe con un maestro en Mehana, donde también se familiarizó con las prácticas sufíes a través de su padre, farmacéutico de profesión, quien llevaba al niño a las sesiones de danza sufí (*samâ'*) en Mehana. Su padre le presentó al poeta sufí Abû-l-Qâsim Bešr Yâsîn, primer maestro de Abū Sa'îd en la vía mística. Ya de joven fue a Merv a estudiar derecho islámico durante diez años, continuando sus estudios en interpretación del Corán, hadiz y otras ciencias tradicionales islámicas en Saraks. Allí conoció Abū Sa'îd al "santo loco" Luqmân Saraksî, quien lo dirigió al sufí Abû-l-Fadl Hasan Saraksî. Este último se convirtió en su maestro, induciéndolo a abrazar el sufismo por completo, y lo envió de regreso a Mehana con la instrucción de practicar el *dhikr* (el equivalente sufí del mantra). Abû Sa'îd pasó los siguientes quince años de su vida recluido en Mehana y en la soledad de las montañas y desiertos vecinos. Durante este período en Mehana de vez en cuando viajaba a Saraks para ser guiado en sus prácticas espirituales por Abû-l-Fadl, cuya guía continuó buscando en años posteriores visitando su tumba en esta ciudad. Después de la desaparición de su maestro, Abû Sa'îd viajó a Âmol, donde se situó bajo la tutela espiritual del maestro sufí Abû-l-'Abbâs Ahmad ibn Muhammad al-Qassâb, quien después de un año de entrenamiento espiritual, lo reconoció como un sufí maduro y le revistió con la *jirqa* o capa inciática parcheada del sufismo. Según otras fuentes, Abû Sa'îd ya había recibido anteriormente la *jirqa* en Nishapur del famoso sufí Sulamî (m. 1021).

Según las fuentes tradicionales, Abû Sa'îd entró en la fase pública de su carrera sufí en el cuadragésimo año de su vida, entre los años 1009 y 1016. Hasta su muerte, llevó la vida de un sufí sedentario, residiendo entre su natal Mehana y Nishapur. Sus viajes ocasionales no lo llevaron más allá de las regiones del noreste del actual Irán. Aunque una vez se dispuso a realizar la peregrinación ritual a La Meca con su esposa e hijo, nunca llegó a la ciudad sagrada del islam.

En Nishapur Abû Sa'îd predicó ante grandes audiencias y se mostró como un experimentado guía espiritual. Debido a su estilo de vida extravagante y a su práctica sufí poco convencional, allí encontró desconfianza y hostilidad por parte de los principales teólogos de la ciudad, y también de otros sufíes, más inclinados al ascetismo, que criticaban el estilo de vida cómodo y la conducta sufí de Abû Sa'îd, en particular la presencia de jóvenes durante las presentaciones de música y danza sufí. También le acusaban de dar lujosos banquetes y de recitar poesía desde el púlpito de la mezquita, así como de usar seda en sus vestidos (algo prohibido en un varón, según la tradición islámica) y de "realizar mil unidades de oración un día y ninguna al día siguiente". Otros sufíes de tendencia más sobria o rigorista, como el célebre Abdallāh Ansârî (m. 1089), que visitó a Abû Sa'îd dos veces en Nishapur, también expresaban sus reservas sobre su doctrina y práctica sufí, aunque en general mostraban respeto hacia él.

Abû Sa'îd parece haber sido el primer sufí en recoger diez reglas básicas para los internos de un "convento sufí" (*khānaqāhīān*). Tuvo numerosos discípulos a los que inició en la vía espiritual, entre ellos una mujer, Ishî Nîlî de Nishapur, a la que invistió con la *jirqa* o manto iniciático a través de su esposa.

La doctrina sufí de Abû Sa'îd está marcada por la excentricidad, la dicotomía y la paradoja. Se dice que su itinerario espiritual incluyó dos fases: los primeros cuarenta años más o menos vivió como un asceta austero, y la segunda parte de su vida como un místico alegre y provocador. Al principio de su itinerario espiritual, Abû Sa'îd se sometió a severas disciplinas, aislándose de la gente, rompiendo todos los lazos con este mundo, observando ayunos extremos, visitando ruinas y lugares solitarios, deambulando durante meses en el desierto con hierbas como único sustento, barriendo las mezquitas, limpiando letrinas y rogando por los pobres. En sus últimos años, sin embargo, no llevó la vida de un asceta, sino más bien la de un sultán, como decían sus contemporáneos, disfrutando del lujo, dando suntuosas comidas, organizando entretenimientos extravagantes y escuchando recitales de música y poesía.

La transición de una vida ascética a una vida de alegría divinamente inspirada fue consecuencia de una visión que tuvo en la mezquita de Mehana. Durante esta visión, inspirada en el versículo coránico: *no es tu Señor lo suficiente para ti* (Cor. 41:53), Abû Sa'îd se dio cuenta de que el combate espiritual por Dios a través de ejercicios ascéticos conduce a una práctica egocéntrica, que niega implícitamente el objetivo sufí de actualizar la unidad divina al borrar la conciencia del yo separado. Abû Sa'îd expresó esta realización en afirmaciones del estilo de las pronunciadas por sufíes como Hallây o Bâyazîd al-Bastâmî. Por ejemplo, Abû Sa'îd afirmaba ser la brújula de la humanidad (*qebla-ye khalq*), exclamó: "no hay nada dentro de mi túnica excepto Dios" (*laysa fî yubbatî siwā Allāh*) y proclamó que había alcanzado el estado de extinción total, llamándose a sí mismo "Nadie, el hijo de Nadie" (*hĕčkas b. hĕčkas*).

Son muchos los muchos milagros y dones carismáticos (*karâmât*) que se le atribuyen, en particular el de la lectura del pensamiento (*firâsa*). Se le recuerda en la historia del sufismo persa como un gran maestro y predicador, que combatió las corrientes espirituales del islam más rigoristas y legalistas. También ocupa un lugar importante en la transición de la época "clásica" del sufismo a la de la organización del sufismo en afiliaciones y órdenes, en los siglos XII y XIII.

Sentencias

» Allá donde estés tú es el infierno, y allá donde no estés tú es el paraíso.

» Si que te digan que eres un buen hombre te gusta más que te digan que eres un mal hombre, debes saber que eres un mal hombre.

» Sufismo es dejar lo que tengas en la cabeza, dar lo que tengas en la mano y no sobresaltarte por nada de lo que te sobrevenga.

» La gente sufre porque pide las cosas antes del momento en que deben pedirse.

» La cantidad de caminos del hombre hacia Dios es la misma que la cantidad de partículas que hay en los seres. Y no hay camino más corto ni más liviano que el de dar calma y sosiego al corazón.

» Un derviche le preguntó en una ocasión:
  "Maestro, ¿dónde podemos buscar a Dios?".
  Respondió Abû Saʿîd : "¿Y dónde Lo has buscado, que no Lo has encontrado? Si das un paso sincero en la senda de la búsqueda, Lo verás allí donde mires".

» Sufí es aquel que a Dios agrada todo lo que hace y a quien le agrada todo lo que Dios hace.

» Despréndete de todo hasta que todo sea tuyo.

» ¿Hasta cuándo tendréis la desverguenza de decir "yo, yo". Esta "yoidad" acarrea la muerte a las gentes. Esta "yoidad" es el árbol de la maldición. El primero que dijo "yo" (es decir, Satán), ese "yo" era el árbol de la maldición. A todo el que dice "yo" le llega un fruto de ese árbol y cada día se aleja más de Dios.

» Pensar por un momento que no existes es mejor que un año de actos de devoción pensando que existes.

» Le preguntaron a nuestro maestro:
"¿Qué es el mal y cuál es el peor de los males?"
Respondió el *shayj:* "El mal eres tú, y el peor de los males eres tú. Tú no deberías existir".

» No hay nada mejor que lo que estoy diciendo, pero sería mejor que no lo tuviera que decir.

Islam

GuíaBurros Islam

Todo lo que necesitas saber sobre el Islam

Budismo

GuíaBurros Budismo te enseñará todo lo que debes saber sobre Buda y cómo hacer que forme parte de tu vida.

La Sabiduría de las grandes Religiones

- > Hinduismo
- > Budismo
- > Taoísmo-Confuncionismo
- > Judaísmo
- > Cristianismo
- > Islamismo

Conocimiento y saber

guíaburros

La Sabiduría de las grandes Religiones

Antología esencial

Sebastián Vázquez

GuíaBurros La Sabiduría de las grandes Religiones

Antología esencial

+INFO

http://www.grandesreligiones.guiaburros.es

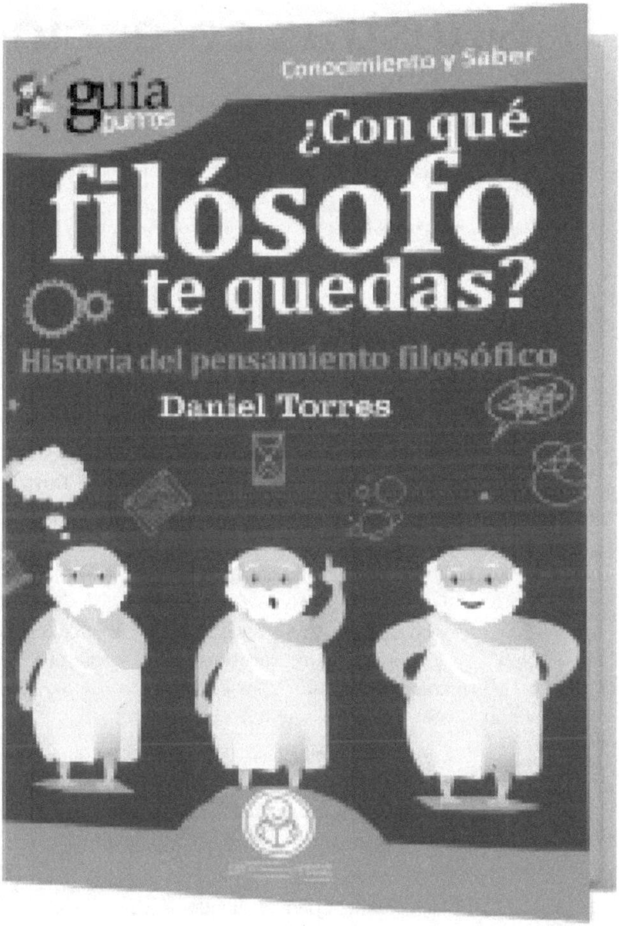

GuíaBurros ¿Con qué filósofo te quedas?

Historia del pensamiento filosófico

+INFO

http://www.conquefilosofotequedas.guiaburros.es

Nuestras colecciones

Guías para todos aquellos que deseen ampliar sus conocimientos sobre asuntos específicos, grandes personajes, épocas, culturas, religiones, etc., ofreciendo al lector una amplia y rica visión de cada una de las temáticas, accesibles a todos los lectores.

Guías para gestionar con éxito un negocio, vender un producto, servicio o causa o emprender. Pautas para dirigir un equipo de trabajo, crear una campaña de marketing o ejercer un estilo adecuado de liderazgo, etc.

Guías para optimizar la tecnología, aprender a escribir un blog de calidad, sacarle el máximo partido a tu móvil. Orientaciones para un buen posicionamiento SEO, para cautivar desde Facebook, Twitter, Instagram, etc.

Guías para crecer. Cómo crear un blog de calidad, conseguir un ascenso o desarrollar tus habilidades de comunicación. Herramientas para mantenerte motivado, enseñarte a decir NO o descubrirte las claves del éxito, etc.

Guías prácticas dirigidas a la salud y el bienestar. Cómo gestionar mejor tu tiempo, aprenderás a desconectar o adelgazar comiendo en la oficina. Estrategias para mantenerte joven, ofrecer tu mejor imagen y preservar tu salud física y mental, etc.

Guías prácticas para la vida doméstica. Consejos para evitar el cyberbulling, crear un huerto urbano o gestionar tus emociones. Orientaciones para decorar reciclando, cocinar para eventos o mantener entretenido a tu hijo, etc.

Guías prácticas dirigidas a todas aquellas actividades que no son trabajo ni tareas domésticas esenciales. Juegos, viajes, en definitiva, hobbies que nos hacen disfrutar de nuestro tiempo libre.

Guías para aprender o perfeccionar nuestra técnica en deportes o actividades físicas escritas por los mejores profesionales de la forma más instructiva y sencilla posible.

Autores para la formación

Editatum y GuíaBurros te acercan a tus autores favoritos para ofrecerte el servicio de formación GuíaBurros.

Charlas, conferencias y cursos muy prácticos para eventos y formaciones de tu organización.

Autores de referencia, con buena capacidad de comunicación, sentido del humor y destreza para sorprender al auditorio con prácticos análisis, consejos y enfoques que saben imprimir en cada una de sus ponencias.

Conferencias, charlas y cursos que representan un entretenido proceso de aprendizaje vinculado a las más variadas temáticas y disciplinas, destinadas a satisfacer cualquier inquietud por aprender.

Consulta nuestra amplia propuesta en www.editatumconferencias.com y organiza eventos de interés para tus asistentes con los mejores profesionales de cada materia.

EDITATUM

Libros para crecer

www.editatum.com

www.ingramcontent.com/pod-product-compliance
Lightning Source LLC
LaVergne TN
LVHW091507170726